# INTELIGÊNCIA ARTIFICIAL
## NA SALA DE AULA

**COMO A TECNOLOGIA ESTÁ REVOLUCIONANDO A EDUCAÇÃO**

Allan Carlos Pscheidt

# INTELIGÊNCIA ARTIFICIAL
## NA SALA DE AULA
### COMO A TECNOLOGIA ESTÁ REVOLUCIONANDO A EDUCAÇÃO

© 2024 - Allan Carlos Pscheidt
Direitos em língua portuguesa para o Brasil:
Matrix Editora
www.matrixeditora.com.br
/MatrixEditora | @matrixeditora | /matrixeditora

**Diretor editorial**
Paulo Tadeu

**Capa, projeto gráfico e diagramação**
Danieli Campos

**Copidesque**
Joaci Pereira Furtado

**Revisão**
Adriana Wrege
Silvia Parollo

DADOS INTERNACIONAIS DE CATALOGAÇÃO NA PUBLICAÇÃO (CIP)

Pscheidt, Allan Carlos
Inteligência artificial na sala de aula: como a tecnologia está revolucionando a educação / Allan Carlos Pscheidt. - São Paulo: Matrix, 2024. 144 p.

Bibliografia
ISBN 978-65-5616-462-5

1. Educação 2. Inteligência artificial 3. Tecnologia educacional I. Título

24-2195
CDD 371.334

Angélica Ilacqua CRB-8/7057

# SUMÁRIO

INTRODUÇÃO: O QUE É INTELIGÊNCIA ARTIFICIAL GENERATIVA E COMO ELA AJUDA NA EDUCAÇÃO?..................9

1. O POTENCIAL DA INTELIGÊNCIA ARTIFICIAL PARA MELHORAR AS EXPERIÊNCIAS DE APRENDIZAGEM..............15
2. PRIMEIROS PASSOS: PREPARAÇÃO PARA O USO DA INTELIGÊNCIA ARTIFICIAL NA EDUCAÇÃO ......................23
3. METODOLOGIAS ATIVAS DE ENSINO E APRENDIZAGEM TRANSFORMADAS COM A INTELIGÊNCIA ARTIFICIAL........35
4. COMO A INTELIGÊNCIA ARTIFICIAL ESTÁ TRANSFORMANDO AS INSTITUIÇÕES EDUCACIONAIS..................................67
5. GERANDO NOVAS POSSIBILIDADES PARA ESTUDANTES COM A INTELIGÊNCIA ARTIFICIAL......................................71
6. CRIATIVIDADE DIDÁTICA................................................75
7. A QUESTÃO DIDÁTICA NO ENSINO A DISTÂNCIA (EAD).........79
8. EFICIÊNCIA NA GESTÃO ESCOLAR E PEDAGÓGICA................85
9. OS DESAFIOS DA IMPLEMENTAÇÃO DA INTELIGÊNCIA ARTIFICIAL NA EDUCAÇÃO................................................89
10. ROTEIROS, EXEMPLOS PRÁTICOS E MODELOS.......................93
11. MODELANDO MENTES E FORJANDO FUTUROS PROFESSORES NA NOVA ERA DA INTELIGÊNCIA ARTIFICIAL .....................129
12. O NOVO PROBLEMA E A ÉTICA.......................................135

CONSIDERAÇÕES FINAIS ...............................................139

REFERÊNCIAS BIBLIOGRÁFICAS ....................................141

# AGRADECIMENTOS

Agradeço aos meus estudantes e colegas professores que incentivaram a escrita deste livro. Isso mostra que, apesar de todos os avanços, ainda precisamos de pessoas pensando e escrevendo sobre assuntos importantes para a melhoria da educação.

# INTRODUÇÃO
## O QUE É INTELIGÊNCIA ARTIFICIAL GENERATIVA E COMO ELA AJUDA NA EDUCAÇÃO?

A Inteligência Artificial (IA) é uma área da ciência da computação que cria programas e sistemas capazes de processar grandes quantidades de dados, possibilitando a criação de informações, algo como tentar imitar a inteligência humana. O foco é desenvolver algoritmos e modelos que aprendem, raciocinam, tomam decisões e resolvem problemas, semelhantemente ao que nós, humanos, fazemos.

Imagine a IA como um robô capaz de realizar tarefas, como reconhecer fala, identificar objetos em imagens, traduzir idiomas e até tomar decisões complexas. A essência da IA é conferir às máquinas essa habilidade de executar tarefas que, usualmente, exigiriam a inteligência humana.

Existem abordagens e técnicas distintas na IA, como o aprendizado de máquina (*machine learning*), que faz com que os sistemas aprendam com dados e exemplos, aprimorando seu desempenho ao longo do tempo. A IA engloba áreas como redes neurais artificiais (modelos inspirados no funcionamento do cérebro humano, usados para ensinar os computadores a reconhecer padrões, como identificar objetos em imagens, por exemplo), lógica *fuzzy* (lidar com situações que não são apenas "sim" ou "não", mas que apresentam diferentes graus de pertinência, como quando dizemos que algo está "meio quente" ou "um pouco alto"), algoritmos genéticos (métodos que imitam a evolução biológica para solucionar problemas, combinando diferentes soluções e modificando-as gradualmente, selecionando as melhores opções para cada nova geração) e processamento de linguagem natural (a área que permite aos computadores compreender e processar a linguagem humana).

A IA tem grande variedade de aplicações: na saúde, transporte, finanças e entretenimento. Auxilia na automação de tarefas, desenvolve assistentes virtuais, analisa grandes volumes de dados e desenvolve muitas outras atividades que exigem processamento inteligente.

O ChatGPT, um exemplo prático de aplicação da Inteligência Artificial, é um *chatbot* baseado no modelo de linguagem LLM desenvolvido pela OpenAI. Um LLM, sigla de *Large Language Model,* é um grande modelo de linguagem. No caso do ChatGPT, seu LLM usa a arquitetura GPT, ou Generative Pre-trained Transformer. Os modelos GPT são treinados a partir de um volume considerável de dados textuais coletados da internet, com o intuito de aprender padrões e estruturas da linguagem humana. Na publicação deste livro, além do GPT da OpenAI, têm destaque outros LLMs, como o PaLM2, do Google, Llama 2, da Meta, Claude 2, da Anthropic, StableLM, da Stability, e Mixtral 8x7B, da Mistral.

Para a abordagem didática, selecionei o ChatGPT por ser um serviço popular, com versão gratuita e que não exige um conhecimento avançado em programação.

Imagine o ChatGPT como um escritor automático, capaz de responder a perguntas e até mesmo criar histórias completas. Ele foi "educado" em uma grande variedade de textos, como livros, artigos e páginas da web, adquirindo conhecimento geral sobre o uso de palavras e frases.

A denominação "generative" (gerativa) indica que o modelo é capaz de gerar texto, desde respostas a perguntas até histórias completas, demonstrando sua capacidade de criar texto com base nas informações aprendidas durante o treinamento.

A expressão "pre-trained" (pré-treinado) indica que o modelo foi treinado em um grande volume de dados antes de ser utilizado para uma tarefa específica. Durante o pré-treinamento, o modelo é exposto a uma variedade de textos, como livros, artigos e sites da internet, aprendendo os padrões e estruturas da linguagem humana, adquirindo conhecimento geral sobre como as palavras e as frases são usadas.

Por fim, "transformer" se refere à arquitetura específica utilizada no modelo. A arquitetura transformer é projetada para processar sequências de texto, permitindo ao modelo entender as relações entre as palavras e gerar respostas coerentes. Essa arquitetura se baseia no uso de camadas de atenção, que permitem ao modelo focar diferentes partes do texto durante o processamento.

O ChatGPT processa a linguagem natural, como responder a perguntas, fornecer informações, escrever textos, auxiliar em tarefas criativas e muito mais. Ele gera uma resposta de texto em uma variedade de tópicos e estilos, baseado no conhecimento adquirido durante o pré-treinamento.

Seu funcionamento é simples: quando uma pergunta ou afirmação é fornecida à IA, o modelo analisa o texto de entrada e usa seu entendimento de linguagem para gerar uma resposta apropriada. Ele tenta prever a próxima palavra ou frase com base no contexto fornecido e na probabilidade de ocorrência das palavras no conjunto de dados de treinamento. Desse modo, a IA cria respostas que se assemelham às que um humano daria.

Embora o ChatGPT seja bastante inteligente e capaz de fornecer informações úteis, é importante lembrar que ele é uma ferramenta e, como tal, não tem compreensão real nem emoções. Por vezes, fornece respostas que parecem corretas, mas que podem não ser precisas ou adequadas para determinadas situações. Portanto, é sempre recomendável avaliar e validar as informações fornecidas pelo ChatGPT.

Existem vários modelos de linguagem disponíveis atualmente que permitem conversas com Inteligência Artificial. Vou apresentar algumas informações sobre quatro modelos populares de *chatbots*: ChatGPT, Google Gemini, Microsoft Turing e Facebook Blender.

O ChatGPT se destaca por ter um bom entendimento de contexto e ser capaz de gerar respostas coerentes. No entanto, em algumas situações, ele produz respostas que não fazem sentido ou pode ser suscetível a influências negativas, como o viés ou a geração de conteúdo ofensivo.

É importante destacar que o ChatGPT não tem acesso à internet ou memória de longo prazo. Para testar o modelo, acesse o site https://beta.openai.com/, mas é necessário ter uma conta OpenAI.

O Google Gemini (Hsiao, 2023; Hsiao; Collins, 2023) é um modelo que colabora com o usuário para gerar textos úteis e informativos. Uma vantagem desse modelo é a capacidade de pesquisar na internet para obter informações atualizadas e relevantes. Lançado inicialmente como Google Bard, o Gemini está disponível gratuitamente em sua versão mais leve, e, se você quiser testar o modelo, é necessário se inscrever no site https://gemini.google.com/app.

O Microsoft Turing (Bajaj et al., 2018; Smith et al., 2022) é um modelo desenvolvido pela Microsoft que visa resolver problemas desafiadores em diversos produtos da empresa. Ele possui a capacidade de entender e gerar textos em vários idiomas e domínios. No entanto, o Microsoft Turing é um modelo proprietário e não está aberto ao público. Além disso, apresenta vieses ou erros em suas respostas. Embora não exista um site específico para teste, o modelo é incorporado em produtos como Bing, Office e Azure. Portanto, para usar o Microsoft Turing, é necessário ter acesso aos produtos ou serviços da Microsoft que incorporam o modelo.

O Facebook Blender (Komeili et al., 2021; Xu et al., 2021) é um modelo que combina várias habilidades conversacionais, como personalidade, empatia e conhecimento. O Blender é capaz de construir memória de longo prazo e pesquisar na internet durante a conversa. No entanto, esse modelo é considerado complexo e difícil de treinar e de implantar. Se você quiser experimentar o Facebook Blender, acesse o site https://parl.ai/projects/blenderbot2/ e utilize-o gratuitamente. Também é possível baixar o código-fonte do modelo para explorá-lo mais a fundo.

Um modelo de código livre, ou código aberto, é o Mistral AI, que utiliza a arquitetura GPT-4. Essa característica de código livre permite que seja altamente customizada pelos usuários e empresas e está disponível gratuitamente em https://mistral.ai/.

Conforme a tecnologia avança e novas formas de acesso à IA são desenvolvidas, é aconselhável procurar sempre por informações atualizadas sobre as opções disponíveis.

Ao começar a usar a IA, é importante se familiarizar com a interface, assim como quando você usa um novo aplicativo de celular, para tirar o máximo proveito de suas funcionalidades. Na maioria das interfaces de IA, há uma caixa de texto em que você digita perguntas ou comandos, e a IA responde na mesma janela.

Embora a interface da IA possa variar, dependendo da plataforma ou aplicativo específico, existem características comuns na maioria das interfaces.

Para obter melhores resultados ao interagir com a IA, siga algumas diretrizes: seja claro e específico em suas perguntas, faça perguntas de acompanhamento, se necessário, e sempre verifique as respostas com fontes confiáveis.

A IA oferece recursos adicionais, como plugins e links para referências relevantes, exemplos práticos ou sugestões de abordagens alternativas. Explore esses recursos para enriquecer sua experiência de aprendizagem.

Os plugins são programas adicionais que melhoram a funcionalidade da IA. Por exemplo, na área de aprendizado de idiomas, um plugin permite à IA ouvir o que você diz e corrigir sua pronúncia. Ou, num ambiente de codificação, um plugin permitiria que a IA detectasse erros de sintaxe enquanto você estivesse programando.

A IA sugere links para artigos, livros, vídeos ou outros recursos que possam ajudá-lo a entender melhor um tópico. Por exemplo, se você estiver aprendendo sobre física quântica, a IA forneceria links para palestras do TED ou artigos acadêmicos sobre o assunto.

Em muitos casos, a IA dá exemplos práticos para ilustrar conceitos complexos. Se você estivesse aprendendo estatísticas, a IA criaria um conjunto de dados fictícios e mostraria como calcular a média, a mediana e o desvio padrão. E a IA sugere maneiras diferentes de abordar um problema complexo. Se você está tentando resolver um problema de Matemática e está com dificuldade, a IA sugeriria um método diferente e mais fácil de entender.

IA é uma ferramenta, tal como uma calculadora. Sendo uma ferramenta, cabe ao usuário verificar se as informações inseridas e obtidas são verdadeiras, da mesma forma que o usuário de uma calculadora precisa ter algum conhecimento prévio em cálculos matemáticos para compreender a "mágica" por trás da ferramenta.

Seu *feedback* é importante para melhorar a IA. Se a resposta da IA não foi satisfatória, não hesite em dar *feedback*. Isso possibilita melhorar o modelo e aprimorar suas habilidades de resposta, pois a IA é uma ferramenta poderosa, mas não é infalível. Portanto, é essencial usá-la como uma fonte complementar de informação e realizar verificações adicionais, quando necessário.

Recursos adicionais variam, mas alguns exemplos incluem personalização, acesso a modelos especializados, interação com outros usuários e recursos de aprendizado auxiliados por IA.

No entanto, mesmo com recursos adicionais, a supervisão e a orientação de um professor continuam sendo cruciais. A IA não substitui o papel do educador na promoção do pensamento crítico e da análise cuidadosa das informações obtidas.

Ao seguir essas etapas iniciais de acesso e interação com a IA, você estará pronto para explorar o potencial dessa ferramenta na sala de aula e proporcionar uma experiência de aprendizagem enriquecedora para os estudantes.

# 1
# ₀POTENCIAL
## DA INTELIGÊNCIA ARTIFICIAL PARA MELHORAR AS EXPERIÊNCIAS DE APRENDIZAGEM

A magia da IA reside em seu potencial transformador, revolucionando sutilmente vários aspectos da vida como a conhecemos. Seu smartphone, por exemplo, é um dispositivo repleto de aplicativos fundamentados em IA. A narrativa em torno dela é de admiração e fascínio, refletindo seu poder inato de remodelar normas estabelecidas, introduzir o inédito e redefinir o "possível". Derivada da noção de imitar a inteligência humana, a IA representa a encarnação da inovação, o pilar fundamental da transformação.

Considere o campo da educação a grande arena em que o bastão do conhecimento é passado de uma geração para a seguinte. Aqui, os professores se destacam como o fulcro, convertendo habilmente seu domínio em diálogos didáticos para seus alunos. O processo é complexo, exigindo não apenas um profundo entendimento da matéria, mas também habilidades para transformar o conhecimento técnico e científico numa linguagem mais acessível para o público curioso.

Ao longo dos anos, nossas salas de aula passaram por uma notável evolução, transformando-se de um espaço físico, onde um orador transmitia conhecimento a um público passivo, em um ambiente dinâmico e interativo, que promove investigação e descoberta. A metamorfose das metodologias de ensino, aproveitando as capacidades da IA, tem provocado essa mudança, marcando os avanços que a educação tem alcançado.

A função da IA no campo da educação gira em torno do eixo de propósito e estratégia. Assim como o professor super-herói na sala de aula, a IA possui vastas capacidades.

O papel da Inteligência Artificial na sala de aula varia desde a automação de tarefas administrativas, até o desenvolvimento de percursos de aprendizado personalizados para os alunos. A implementação da IA torna as tarefas administrativas mais eficientes, liberando os professores para se concentrarem em sua tarefa principal – o ensino. Isso inclui atividades como correção de trabalhos de casa, avaliação de redações e manutenção de registros de presença.

O acesso imediato a respostas acuradas contribui para agilizar o processo educacional, permitindo que os estudantes progridam em seu currículo de forma mais eficaz. A customização do ensino assegura que cada aluno receba o apoio necessário para maximizar seu potencial de aprendizagem. Ademais, o incentivo ao pensamento crítico desenvolve habilidades fundamentais para a vida, capacitando os estudantes a analisar, questionar e avaliar as informações que encontram. Com a IA, já não é mais necessário esperar pelo professor ou pesquisar extensivamente em livros ou na internet para encontrar informações básicas e pontuais. Os estudantes inserem suas perguntas diretamente na interface da IA para obter respostas instantâneas. Esse acesso imediato a informações agiliza o processo de aprendizagem, permitindo que os estudantes avancem em seus estudos de maneira mais eficiente.

Ao interagir com a IA, os alunos são encorajados a desenvolver as habilidades de pensamento crítico. Em vez de simplesmente receber respostas prontas, eles são desafiados a formular perguntas que exijam uma avaliação cuidadosa das informações fornecidas pelo modelo. Os estudantes são estimulados a considerar a validade e a confiabilidade das informações, comparar diferentes perspectivas e avaliar criticamente as fontes de conhecimento. Essa interação com a IA confere uma abordagem mais reflexiva e crítica ao aprendizado, capacitando os estudantes a se tornarem consumidores conscientes e responsáveis de informações.

Ao incorporar a IA ao contexto escolar, os educadores conseguem proporcionar uma experiência de aprendizagem mais rica aos estudantes e prepará-los para enfrentar os desafios do mundo moderno com segurança e perspicácia.

Sistemas acadêmicos alimentados por IA ajudam no desenvolvimento de percursos de aprendizado personalizado consoante as necessidades individuais dos alunos. Cada estudante tem um ritmo de aprendizagem e um estilo de compreensão únicos. Esses sistemas analisam o desempenho do aluno, identificando áreas de força e de fraqueza. Com essas informações, um sistema de IA recomenda recursos direcionados ou sugere tarefas individualizadas que reforcem o aprendizado e abordem lacunas na compreensão. Por exemplo, identifica áreas nas quais um aluno está enfrentando dificuldades, para que se forneçam explicações adicionais ou exemplos para auxiliar na compreensão. Isso possibilita que os estudantes progridam em seu próprio ritmo e recebam apoio extra quando necessário. A personalização do ensino por meio da IA contribui para atender às necessidades individuais dos estudantes, tornando a aprendizagem mais eficaz e gratificante. Considere o seguinte exemplo: uma pessoa recebe um receituário médico e adquire o medicamento na farmácia. Na caixa, uma bula reúne todas as informações necessárias, entretanto pode ser de difícil compreensão para alguém que não seja da área médica. Ao jogar trechos da bula na IA e solicitar, por meio de um *prompt*, "explique esse trecho como se o estivesse explicando para uma criança de 5 anos", a IA fornecerá dados numa linguagem simples, que possibilite o entendimento daquele trecho da bula.

O potencial da IA na sala de aula não se limita a isso. Estamos no limiar de uma era em que a IA atua como um tutor virtual, oferecendo assistência fora do horário escolar tradicional. Esses tutores virtuais adaptam sua instrução com base nas necessidades do aluno, fornecendo explicações, materiais complementares e problemas de prática, quando necessário.

A IA proporciona aos professores um projeto de aulas mais eficazes e envolventes. Ao analisar dados de desempenho dos alunos, a IA sugere ajustes nos métodos de ensino e no conteúdo, ajudando os docentes a melhorar sua instrução e a atender melhor às necessidades dos estudantes.

No entanto, o potencial revolucionário da IA na sala de aula não é desprovido de desafios. Existe preocupação com a privacidade dos dados, com a infraestrutura tecnológica e com a possibilidade de a IA substituir os professores humanos. Esses desafios nos lembram de que a inovação, embora transformadora, requer um planejamento cuidadoso e uma implementação ponderada.

No grande esquema das coisas, a jornada da IA nas salas de aula está apenas começando. O caminho à frente está repleto de oportunidades e desafios. Mas a perspectiva de a IA aprimorar o processo de aprendizado, tornando-o mais envolvente, personalizado e eficiente, é realmente instigante.

Como Charles Darwin (1809-1882) observou certa vez, a evolução está relacionada à adaptação. Conforme nossos ambientes de aprendizado mudam, nossas metodologias de ensino devem se adaptar. A IA representa o próximo passo nessa evolução, oferecendo novas maneiras de adaptar nossos métodos de ensino para melhor atender os alunos.

No final, devemos lembrar que a IA na sala de aula é uma ferramenta, um recurso, um catalisador. Ela não é a mágica, mas a assistente do mágico. A essência humana do ensino e da aprendizagem, a alegria da descoberta, a paixão pelo conhecimento – nada disso jamais será automatizado. São afetos intrinsecamente humanos, que exigem empatia, intuição e criatividade. Mas, ao abraçar o potencial da IA, podemos criar um ambiente de aprendizado no qual os professores possam se concentrar mais nesses aspectos humanos essenciais e menos nas tarefas administrativas.

A essência de nosso clamor evolutivo agora exige que exploremos e abracemos essa nova trajetória da educação, incorporando o poder computacional da IA aos salões sagrados de nossas escolas. É nessa sinergia que redefiniremos os limites do potencial humano, reimaginando o futuro da educação e, em última análise, moldando o curso do progresso humano.

## Estimulando o engajamento estudantil e a inclusão por meio da tecnologia educacional

A tecnologia educacional denota a integração da tecnologia no processo educacional. Sua natureza multifacetada promove experiências de aprendizagem interativas, cativando a atenção dos estudantes e atendendo a diferentes estilos de aprendizagem. Seja por meio de apresentações multimídia, quadros interativos ou sistemas de gestão de aprendizagem, a tecnologia educacional colabora com os professores, como uma caixa de ferramentas dinâmica, estimulando o envolvimento e a participação dos estudantes. Mas a tecnologia educacional não é apenas uma ferramenta para absorção passiva. Ela capacita os estudantes a se tornarem participantes ativos em sua própria educação.

Por exemplo, programas de programação estimulam o pensamento lógico e a criatividade, enquanto laboratórios virtuais proporcionam experiências práticas sem as restrições de recursos físicos. Da mesma forma, plataformas colaborativas incentivam projetos em grupo, discussões e aprendizagem entre pares, impulsionando o envolvimento por meio da interação.

À medida que os estudantes se envolvem mais profundamente com o material, eles desenvolvem pensamento crítico, criatividade e alfabetização digital – habilidades indispensáveis na era digital. Essa abordagem interativa e centrada no estudante fomenta o amor pela aprendizagem, levando a melhores resultados acadêmicos. Ao mesmo tempo, a tecnologia educacional desempenha um papel fundamental na promoção da inclusão na sala de aula. As salas de aula tradicionais frequentemente operam com uma abordagem de tamanho único, marginalizando inadvertidamente os estudantes com necessidades ou estilos de aprendizagem diferentes.

Softwares de conversão de texto para fala e de fala para texto facilitam a aprendizagem de estudantes com deficiência visual ou dislexia. Tecnologias assistivas, como teclados adaptados ou dispositivos de entrada alternativos, permitem que estudantes com deficiência física interajam com recursos digitais. Plataformas interativas de aprendizagem com níveis de dificuldade ajustáveis atendem estudantes com habilidades variadas, garantindo que cada um possa aprender no seu próprio ritmo.

A divisão digital e a disparidade no acesso à tecnologia e à conectividade com a internet ameaçam ampliar a lacuna educacional. Portanto, é imperativo que formuladores de políticas, educadores e comunidades trabalhem juntos para garantir que todos os estudantes possam se beneficiar desses avanços tecnológicos.

Os professores precisam estar equipados com as habilidades para usar essas ferramentas de forma eficaz e adaptar suas estratégias de ensino. As escolas precisam estabelecer políticas claras e salvaguardas para garantir o uso ético e responsável da tecnologia. E todas as partes interessadas precisam estar comprometidas em fomentar uma cultura que abrace e valorize a inovação tecnológica na educação.

Ao empregar tecnologia educacional contemporânea, com um olhar cuidadoso e inclusivo, a aula será um ambiente de experiências, de aprendizagem dinâmica, interativa e personalizada, e atenderá às necessidades das futuras gerações.

Dentro dos contornos da sala de aula, a intrincada dança da transferência de conhecimento se desenrola. Professores, os protagonistas desse balé, exibem sua coreografia com habilidade e graça, irradiando conhecimento a cada passo. Sua paixão pela educação alimenta sua capacidade de criar um ambiente de aprendizado propício, envolvendo, assim, as mentes inquisitivas de seus alunos. No entanto, o surgimento da IA está preparando o palco para uma nova forma de apresentação, na qual os dançarinos não são os únicos a comandar o ritmo e o fluxo da sinfonia educacional.

Uma vantagem-chave da IA no ambiente educacional reside em sua capacidade de personalizar a aprendizagem. Todos se lembram do professor perspicaz que nutriu os talentos únicos dos alunos, adaptou o processo de aprendizado às suas capacidades e transformou a experiência de "tamanho único" em uma instrução personalizada. No entanto, dada a proporção convencional entre estudantes e professores, esse nível de personalização muitas vezes se mostra desafiador. A IA vem em socorro, permitindo a escalabilidade de experiências de aprendizado personalizadas em salas cada vez mais lotadas, com estudantes cada vez mais ansiosos, dada a rapidez com que o mundo se move.

Usando a IA, podemos adaptar as lições às necessidades de cada aluno, criando uma jornada de aprendizado personalizada, que se ajusta ao seu ritmo individual, ao seu estilo e ao seu nível de compreensão. Por meio de análise contínua de dados e algoritmos adaptativos, os sistemas de IA modificam o nível de dificuldade dos exercícios, recomendam recursos relevantes e oferecem *feedback* personalizado. Esse nível de personalização possibilita aos alunos a compreensão de conceitos de forma mais eficaz, aumentando sua confiança e melhorando seu desempenho acadêmico.

A IA pode, ainda, revolucionar a maneira como avaliamos os alunos. Os métodos tradicionais de avaliação frequentemente se concentram em medir a memorização em vez da compreensão. A IA, com sua avançada capacidade de processamento de dados, oferece uma avaliação mais detalhada e abrangente.

O tempo que os professores normalmente gastam nessas tarefas é direcionado para o planejamento de aulas, o engajamento dos alunos e o desenvolvimento profissional. A capacidade da IA de aliviar a carga administrativa, portanto, leva a uma força de trabalho docente mais focada, apaixonada e eficaz.

Outra vantagem da IA reside em seu potencial para democratizar a educação. As oportunidades de aprendizado são limitadas por barreiras geográficas, socioeconômicas ou físicas. Plataformas de ensino on-line alimentadas por IA preenchem essas lacunas, oferecendo educação personalizada de alta qualidade aos alunos, independentemente de sua localização ou de suas circunstâncias. Assim, a IA é uma ferramenta poderosa para reduzir disparidades educacionais e promover a inclusão.

Embora a IA prometa uma infinidade de vantagens, sua implementação no ambiente educacional requer consideração cuidadosa.

A integração da IA no ambiente educacional possui esse imenso potencial que verificamos nos parágrafos anteriores. Sua capacidade de personalizar a aprendizagem, aprimorar avaliações, economizar tempo dos professores e democratizar a educação a torna uma aliada poderosa na evolução do ensino e da aprendizagem. Como educadores, devemos nos adaptar a essa paisagem em constante mudança, abraçando o potencial da IA enquanto estamos conscientes de suas limitações. Afinal, educação não trata apenas de preencher um recipiente com conhecimento, mas também de acender a chama da curiosidade e cultivar o amor pela aprendizagem ao longo da vida. E, nessa nobre empreitada, a IA se coloca como uma promissora aliada.

# PRIMEIROS PASSOS: PREPARAÇÃO
## PARA O USO DA INTELIGÊNCIA ARTIFICIAL NA EDUCAÇÃO

Antes de introduzir a Inteligência Artificial na sala de aula, prepare-se adequadamente. Com a preparação adequada para o uso da IA, você estará mais capacitado para explorar ao máximo esse recurso poderoso. O conhecimento da IA, a definição de diretrizes claras e a elaboração de atividades complementares contribuirão para uma experiência de aprendizagem mais enriquecedora e eficaz para os estudantes.

A seguir, algumas maneiras de se familiarizar com a IA.

Na busca por explorar e entender os recursos do modelo de linguagem baseado em Inteligência Artificial, é vital procurar informações relevantes e confiáveis. Um bom ponto de partida é pesquisar artigos, tutoriais e estudos de caso que mostrem exemplos de aplicação bem-sucedida dessa ferramenta na educação. Esses recursos oferecem *insights* valiosos sobre como outros educadores empregaram efetivamente o modelo, compartilhando suas experiências e melhores práticas.

É importante usar recursos on-line, como as documentações disponíveis nos sites dos desenvolvedores da IA, para entender mais profundamente como funciona a IA e suas principais características. Saber suas possibilidades e limites, como data de corte do banco de dados, que significa o máximo temporal que a IA conhece sobre o mundo real (por exemplo, ao ser lançado, o ChatGPT "sabia" de eventos históricos até setembro de 2021, desconhecendo eventos posteriores a isso, como o falecimento da rainha Elisabeth II, do Reino Unido, em setembro de 2022). Ou, ainda, que o Midjourney e o Dall-e, ambos programas de IA geradores de imagens, têm problemas em criar detalhes em retratos, como o número de dedos das mãos. A exploração desses recursos permitirá que os educadores conheçam a interface da IA, aprendam a ajustar as configurações e a personalizar as respostas e descubram as possibilidades oferecidas pela tecnologia.

Para ilustrar esses conceitos, proponho considerarmos um exemplo prático: um professor que planeja introduzir a IA em sua sala de aula busca artigos acadêmicos e blogs especializados para entender como outros educadores usam a ferramenta com sucesso. Ele encontra estudos de caso que mostram como o modelo foi implementado para auxiliar estudantes na aprendizagem de conceitos complexos de Matemática e Ciências. Esses estudos descrevem como estudantes se engajaram ativamente com a IA, fazendo perguntas, explorando diferentes cenários e recebendo *feedback* personalizado. O professor acessa a documentação fornecida pela OpenAI, que oferece orientações detalhadas sobre como configurar a IA.

Em nossa era, a interseção entre Inteligência Artificial e educação trouxe uma mudança de paradigma no ensino e no aprendizado. Fica claro que a IA possui vasto potencial para aprimorar a experiência educacional. No entanto, à medida que empregamos essas ferramentas avançadas, torna-se fundamental estabelecer regras de conduta para o uso da IA na sala de aula e nos estudos, garantindo que ela seja uma ferramenta enriquecedora, em vez de intrusiva.

Primeiro, é essencial entender o que a IA engloba e as aplicações que ela apresenta no campo da educação. Como já citado anteriormente, IA é um termo amplo, que envolve o uso de computadores para imitar a inteligência humana. Na sala de aula, a IA se materializa como plataformas de aprendizado personalizado, sistemas inteligentes de tutoria ou ferramentas de análise preditiva que auxiliam os educadores na identificação de estudantes com dificuldades. Ao aproveitarmos essas capacidades, é vital estabelecer um quadro ético e responsável para o uso da IA.

No cerne desse quadro, devemos preservar o princípio do respeito à privacidade e autonomia dos estudantes. As aplicações de IA frequentemente envolvem a coleta e a análise de uma abundância de dados. Embora esses dados sejam instrumentais para experiências de aprendizado personalizado, eles igualmente infringem a privacidade dos estudantes, se forem manuseados de forma inadequada. Escolas e educadores devem se comprometer a coletar apenas os dados necessários, anonimizá-los dentro do possível e garantir seu armazenamento e uso seguro.

À medida que a IA adentrar cada vez mais as salas de aula, é importante educar os estudantes quanto ao seu uso responsável e quanto à cidadania digital – comportamento responsável e respeitoso em espaços on-line. Eles devem compreender as capacidades e limitações da IA e que ela deve ser usada como uma ferramenta para aprimorar a aprendizagem, e não para substituí-la.

À medida que a IA evolui, é importante avaliar continuamente seu impacto no ensino e no aprendizado. Os educadores devem monitorar a eficácia das ferramentas de IA na melhoria dos resultados de aprendizagem e ajustar suas estratégias. O *feedback* dos estudantes deve ser solicitado e incorporado, garantindo que as aplicações de IA estejam realmente atendendo às suas necessidades.

Ao criarmos essas regras de conduta, a inclusão deve ser um princípio orientador. Embora a IA possa democratizar a educação, ela pode agravar a divisão digital. As escolas devem garantir que todos os estudantes, independentemente de suas condições socioeconômicas, tenham acesso às ferramentas de IA e possam se beneficiar delas. Inteligência Artificial inclusiva, como já dito, significa considerar estudantes com diferentes estilos de aprendizagem e habilidades, garantindo que as ferramentas sejam acessíveis e benéficas para todos.

Sobre estabelecer regras de conduta para o uso de IA na sala de aula e nos estudos, não se trata apenas de ética e responsabilidade; trata-se de otimizar o potencial da IA para aprimorar a educação. É também criar um ambiente em que a IA sirva como poderosa ferramenta para personalização, inclusão e inovação, com respeito aos limites da privacidade e da conexão humana. Ao abraçarmos a emocionante fronteira da IA na educação, vamos fazê-lo com uma bússola que aponte para o uso responsável e com propósito.

**Promovendo a conscientização sobre a confiabilidade das respostas**

A robustez da IA nas salas de aula abrange aplicações desde a correção automática até programas de aprendizagem adaptativa, tutoria inteligente e análise preditiva do desempenho dos estudantes.

Entender a confiabilidade da IA começa com a compreensão de sua natureza intrínseca. Os sistemas de IA aprendem e melhoram ao longo do tempo por meio de um processo chamado aprendizado de máquina, que utiliza algoritmos para identificar padrões nos dados e fazer previsões ou tomar decisões. No entanto, os algoritmos são tão bons quanto os dados em que são treinados. Se os dados de treinamento forem falhos ou tendenciosos, é provável que a IA produza respostas imprecisas ou enviesadas.

Portanto, um aspecto fundamental para aumentar a conscientização sobre a confiabilidade das respostas da IA envolve enfatizar a importância da qualidade e da diversidade dos dados de treinamento. Educadores, estudantes e formuladores de políticas educacionais devem entender que, embora a IA possa fazer previsões e análises poderosas, elas são baseadas em padrões nos dados e não refletem a compreensão holística de uma situação, como um ser humano compreenderia.

Outro aspecto significativo da confiabilidade da IA na sala de aula é a transparência. Os algoritmos por trás da IA geralmente são complexos e não facilmente compreensíveis para aqueles que não têm conhecimento técnico. Essa falta de compreensão leva a uma confiança cega nas respostas apresentadas. Para combater isso, precisamos defender sistemas de IA mais explicáveis na educação. Isso envolveria os desenvolvedores de IA criando sistemas que fornecessem explicações claras para suas saídas, permitindo que educadores e estudantes entendam e confiem nas decisões da Inteligência Artificial.

As discussões sobre a confiabilidade das respostas devem destacar a importância da supervisão humana. O julgamento humano dos professores continua fundamental na interpretação e na implementação das recomendações da IA. Os educadores devem estar cientes disso e usá-la como uma ferramenta para auxiliar seu ensino, não como uma substituição de seu julgamento profissional.

Os estudantes precisam ser educados sobre a confiabilidade das respostas da IA. É vital incluir a alfabetização digital no currículo, onde os estudantes aprendem sobre a IA, seus usos, limitações e as implicações de depender de suas respostas. Eles devem ser incentivados a questionar criticamente a confiabilidade das informações geradas pela ferramenta e reconhecer a importância de verificar essas informações em várias fontes.

Por exemplo, durante uma aula de História, estudantes usam a IA para pesquisar sobre determinado evento ou personagem. O professor os orienta a verificar as informações recebidas por meio do modelo, pedindo que consultem outras fontes e comparem as informações recebidas por meio da IA com o que aprenderam em outras aulas ou pesquisas. Essa abordagem promove uma educação baseada em evidências, incentivando os estudantes a serem críticos e reflexivos sobre as informações que recebem. Isso ajudará a desenvolver suas habilidades de pensamento crítico e a promover uma educação mais sólida e bem fundamentada.

**Preparando atividades e recursos complementares**

A preparação de atividades baseadas em IA começa estabelecendo objetivos claros. O que se espera alcançar com a ferramenta de IA em certa sala de aula? Seja aprimorar a aprendizagem individualizada, simplificar tarefas administrativas ou fornecer tutoria ampliada, definir o objetivo determinará o tipo de ferramenta de IA necessária e moldará as atividades em torno dela.

Um aspecto significativo da preparação de IA é o treinamento dos docentes. Os educadores devem se familiarizar com a IA e suas aplicações, adquirindo as habilidades necessárias para utilizar as ferramentas de IA de forma eficaz e integrá-las às suas estratégias de ensino. Nas escolas e universidades, programas de formação docente, desenvolvimento profissional e oficinas podem ser promovidos especificamente para isso, resultando em professores proficientes no uso de IA e na criação de atividades baseadas em IA alinhadas aos seus objetivos de ensino. Esse planejamento minimiza receios acadêmicos, como um questionamento sobre a substituição de professores por ferramentas digitais, e elimina barreiras pedagógicas na adoção das ferramentas.

Ao mesmo tempo, o currículo deve integrar ferramentas e atividades de IA. O currículo não deve apenas incluir exercícios baseados nela, mas educar os alunos sobre a ferramenta, seu funcionamento, aplicações potenciais e considerações éticas. Isso não apenas promoverá a alfabetização digital, como inspirará os alunos a explorar e compreender ainda mais essa tecnologia transformadora.

Entre os diferentes tipos de ferramentas de IA que suportam a aprendizagem adaptativa, têm destaque os Sistemas de Gestão de Aprendizagem Adaptativa (LMS), Plataformas de Aprendizado Adaptativo e Sistemas de Tutoria Inteligente (ITS).

Os LMS mais conhecidos e utilizados atualmente são versões atuais de Moodle e Canvas, que permitem uma customização maior, com a incorporação de algoritmos de análise de desempenho dos estudantes. Outros exemplos incluem Twygo, Litmos, Eadbox, Docebo, Cuboz, entre outros. Nesses ambientes de aprendizagem, *chatbots* podem ser incorporados para suporte e *feedback* imediato, geralmente usando alguma IA generativa, como o GPT-3.5 ou GPT-4, como é o caso do ChatGPT, o Copilot, da Microsoft, o Perplexity.ai, e o Socratic, do Google.

Já entre as plataformas de aprendizado mais delimitadas a uma área ou tópico, têm destaque o DreamBox e o Duolingo, por exemplo, que ajustam o conteúdo em tempo real com base nas respostas, o primeiro voltado para o aprendizado de Matemática, e o segundo para idiomas. Entre os ITS, exemplos como Carnegie Learning e Squirrel AI simulam um tutor humano com *feedback* personalizado, num modelo de chat ou laboratório virtual, sendo particularmente eficazes no ensino de Ciências com conceitos muito específicos, como, por exemplo, leis da termodinâmica, reações químicas, ciclos biogeoquímicos e movimentação dos planetas, que demandam imaginação e outros mecanismos mentais para a sua compreensão.

Os exemplos anteriores são um ponto de partida para quem quer se aprofundar e conhecer melhor a utilização dessas ferramentas.

Integrar ferramentas de IA que suportem a aprendizagem adaptativa é altamente benéfico. Essas ferramentas ajustam o nível de dificuldade das atividades com base no desempenho individual do aluno, garantindo uma experiência de aprendizagem mais personalizada. Os professores complementam essas ferramentas com recursos, como exercícios adicionais de prática ou notas explicativas, atendendo a diferentes estilos e ritmos de aprendizagem.

Outra maneira inovadora de utilizar a IA na sala de aula é por meio de sistemas de tutoria inteligente. Essas plataformas baseadas em IA fornecem tutoria individualizada aos alunos, oferecendo explicações, *feedback* e dicas, como faria um tutor humano. Os professores complementam isso com recursos, como vídeos pré-gravados ou instruções por escrito, para auxiliar ainda mais os alunos.

O potencial transformador da IA contribui para os alunos no encontro de soluções e *insights* relevantes, promovendo experiências de aprendizado interativas e exploratórias. Uma das principais vantagens do uso de IA em estudos de caso é sua capacidade de personalizar a aprendizagem. Os professores complementam esses estudos de caso impulsionados por IA com recursos, como notas explicativas, exercícios adicionais ou questionários interativos, para envolver ainda mais os alunos.

Quando utilizar essas ferramentas, sugira perguntas direcionadas que incentivem os estudantes a explorar tópicos específicos, aplicar conceitos aprendidos e promover o pensamento crítico. Elabore perguntas desafiadoras, que encorajem os alunos a formular respostas reflexivas e criativas. Dessa forma, o professor terá o controle da aula, evitando que a ferramenta seja utilizada apenas para entretenimento, sem o objetivo de aprendizagem.

Em estudos de caso, é importante identificar o tópico ou a área de estudo. Isso varia desde mudanças climáticas, economia e justiça social, até ciência e tecnologia. O objetivo é apresentar cenários do mundo real com os quais os alunos possam se envolver, aprimorando sua compreensão e suas habilidades de pensamento crítico.

Uma vez decidido o tópico, integre a IA ao estudo de caso de forma eficaz. A IA analisa muitos dados de forma rápida e precisa, tirando conclusões perspicazes ou sugerindo soluções potenciais. Um exemplo do mundo real seria, usando a IA, analisar o discurso em torno das mudanças climáticas nas mídias sociais. Os alunos avaliariam os *insights* obtidos, desenvolvendo suas habilidades de pensamento crítico e analítico.

Os modelos de linguagem baseados em IA são utilizados para gerar materiais adicionais de estudos de caso ou cenários alternativos. Por exemplo, os alunos inserem diferentes variáveis no modelo para prever resultados alternativos, assim compreendendo as nuances e complexidades das situações do mundo real.

Jogos educacionais alimentados por IA são eficazes na criação de um ambiente de aprendizagem dinâmico e interativo. Esses jogos se adaptam aos estilos de aprendizagem individuais e fornecem *feedback* imediato, tornando a aprendizagem divertida e eficaz. Recursos complementares incluem guias e dicas para esses jogos, aprimorando a experiência de aprendizagem.

Nos últimos anos, a "gamificação", isto é, o uso de elementos de design de jogos em contextos não relacionados a jogos, tem encontrado seu caminho em várias áreas de nossas vidas. A gamificação introduz uma abordagem transformadora para o ensino e a aprendizagem. Jogos educacionais com IA e estratégias de gamificação na sala de aula têm o potencial de aumentar o engajamento, facilitar a compreensão e impulsionar o desempenho dos alunos.

Primeiro, devemos reconhecer o apelo que os jogos exercem sobre os alunos. Eles são interativos, envolventes e muitas vezes promovem um senso de conquista. Jogos educacionais com IA aproveitam esse apelo para criar experiências de aprendizagem divertidas e profundamente educacionais. Eles oferecem uma plataforma interativa em que os alunos exploram, experimentam e aprendem no seu próprio ritmo. Para desenvolver esses jogos, os professores precisam identificar objetivos de aprendizagem essenciais, alinhá-los com mecânicas de jogo apropriadas e, em seguida, incorporar tecnologias de IA para personalizar a jornada de aprendizagem com base nas necessidades de cada aluno.

O desenvolvimento dos jogos tem início no ambiente analógico, com uma sequência de regras e cartões criados pelos próprios estudantes, tendo auxílio da IA para guiar o processo. Um jogo de botânica, numa aula de Biologia, pode ser confeccionado por uma turma que irá pesquisar sobre as diferentes formas de folhas e padrões de nervuras e margens, além das diferentes estruturas, e depois aplicado para outra turma que deverá resolver um problema conhecendo esses diferentes nomes para as estruturas que compõem as folhas e suas partes.

Outro exemplo é a construção de modelos didáticos com os estudantes. Após uma sessão de perguntas e respostas sobre como criar modelos didáticos de órgãos vegetais usando o ChatGPT, os alunos construíram modelos em massa de modelar. Posteriormente, selecionamos os melhores e construímos réplicas de cerâmica fria para que ficassem preservados. Na turma seguinte, esses modelos passaram a ser utilizados nas aulas como ferramentas didáticas, tal como num laboratório de Ciências, para que os estudantes percebessem as nuances das estruturas vegetais numa escala maior que a das pequenas flores murchas que coletamos para estudar.

Exemplos de plataformas digitais incluem: o Kahoot, que permite a criação de *quizzes* interativos dos quais os estudantes participam em tempo real via smartphones ou computadores; o Classcraft, que permite uma aventura de RPG com pontos e níveis através de missões; o Quizlet, com *flashcards*, testes e competição por tempo; o Socrative, para exercícios e *quizzes* com feedback instantâneo; e o Minecraft Education Edition, para projetos em um mundo virtual de blocos.

A IA adiciona camadas de complexidade e adaptabilidade aos jogos. Ela analisa o desempenho do aluno, adapta-se ao seu estilo de aprendizagem e personaliza a experiência do jogo para desafiá-lo e envolvê-lo de forma otimizada. Também fornece análises perspicazes para ajudar os professores a monitorar o progresso dos alunos e tomar decisões informadas sobre instruções futuras.

Os jogos abrangem uma variedade de temas, desde Matemática e Ciências até Língua Portuguesa e Estudos Sociais. Por exemplo, um jogo simula eventos históricos, permitindo que os alunos se envolvam com o conteúdo de maneira imersiva. Da mesma forma, o aprendizado de idiomas é facilitado por meio de diálogos interativos com personagens num *chatbot*, promovendo a aquisição de vocabulário e o uso da língua de maneira contextualizada e significativa.

Além dos jogos independentes, a IA é empregada na gamificação para atividades mais amplas na sala de aula. Elementos como pontos, distintivos, classificações e barras de progresso são utilizados para "gamificar" tarefas e avaliações. A IA gerencia esses elementos, ajustando a dificuldade e as recompensas com base no progresso do aluno. Essa abordagem promove uma competição saudável, motiva um esforço contínuo e torna a aprendizagem mais agradável.

Ela auxilia os professores a projetar jogos colaborativos nos quais os alunos trabalham em equipe para resolver problemas ou completar desafios. Esses jogos promovem o pensamento crítico, a comunicação e as habilidades de trabalho em equipe, criando um senso de comunidade dentro da sala de aula, incentivando os alunos a aprender e a se apoiar mutuamente. Investigue os exemplos e ideias apresentados nos parágrafos anteriores e introduza-os em uma ou duas aulas, aprendendo com os estudantes.

No entanto, ao incorporarmos jogos educacionais com IA e estratégias de gamificação em nossas salas de aula, é vital abordar essa questão com cautela e equilíbrio. Devemos garantir que os objetivos de aprendizagem permaneçam no centro das atenções, não sendo ofuscados pelos elementos do jogo. A privacidade dos dados e as considerações éticas devem ser uma prioridade. Como já citado aqui, diretrizes claras devem ser estabelecidas sobre o uso de dados, e medidas robustas devem ser implementadas para proteger as informações dos alunos.

Precisamos evitar perpetuar desigualdades na sala de aula. Nem todos os alunos têm o mesmo acesso à tecnologia, e devem ser tomadas providências para garantir que todos eles possam se beneficiar dos jogos e da gamificação com IA. Isso inclui garantir acesso a hardware e software necessários e fornecer suporte e treinamento aos menos familiarizados com essas tecnologias.

É fundamental estabelecer diretrizes éticas e regras de cidadania digital para garantir o uso responsável da IA. Os alunos devem ser orientados sobre privacidade de dados e sobre os riscos e preconceitos potenciais associados à IA, incentivando o uso responsável e consciente.

A integração da IA nas salas de aula e nos estudos apresenta uma perspectiva promissora para aprimorar as experiências educacionais. Ao preparar diligentemente atividades e recursos complementares para a utilização de IA, podemos promover um ambiente de aprendizagem personalizado, eficiente e envolvente. No entanto, a jornada não termina aqui. A avaliação e a adaptação constantes serão fundamentais à medida que continuarmos a explorar e navegar pela paisagem em constante evolução da IA na educação. A combinação de IA com a criatividade humana promete um futuro em que a aprendizagem seja verdadeiramente reimaginada.

# 3
# METODOLOGIAS
## ATIVAS DE ENSINO E APRENDIZAGEM TRANSFORMADAS COM A INTELIGÊNCIA ARTIFICIAL

As metodologias ativas de ensino e aprendizagem têm como base a premissa de que os alunos aprendem de forma mais eficaz quando se envolvem ativamente com o material. Isso abrange colaboração com os colegas, participação em discussões, resolução de problemas, criação de projetos ou reflexão sobre o próprio processo de aprendizagem. A IA é usada para facilitar e aprimorar essas atividades de várias maneiras.

Uma área em que a IA é fundamental é na personalização do ensino. A IA analisa uma variedade de dados sobre o desempenho e o estilo de aprendizagem de um aluno e usa essas informações para personalizar recursos de aprendizagem, atividades e feedback. Isso permite que a aprendizagem seja adaptada ao aluno, tornando-a mais relevante, envolvente e eficaz.

A IA facilita a colaboração e a comunicação, que são componentes cruciais das metodologias de aprendizagem ativa. Ferramentas com IA ajudam os alunos a colaborar em projetos em tempo real, mesmo que não estejam no mesmo local físico. Essas ferramentas facilitam a comunicação entre os alunos e os professores, permitindo feedback imediato, esclarecimento de dúvidas e diálogo contínuo sobre o processo de aprendizagem.

Como observado no capítulo anterior, em aulas de História, estudantes interagem com o modelo para explorar diferentes eras, simular conversas com personagens históricos ou até criar narrativas alternativas. Essas atividades enriquecem a experiência de aprendizado, tornando-a mais envolvente e marcante.

A IA apoia a aprendizagem autodirigida, outro elemento-chave das metodologias de aprendizagem ativa. Plataformas de aprendizagem com IA fornecem aos alunos uma variedade de recursos, atividades e avaliações com as quais eles se envolvem no seu próprio ritmo, no seu próprio tempo. Essas plataformas orientam os alunos durante o processo de aprendizagem, fornecendo suporte e *feedback* no momento certo e desafiando-os com tarefas cada vez mais complexas, à medida que sua competência aumenta.

Assim, é importante invocarmos aqui a taxonomia de Bloom (Bloom *et al.*, 1956), que é uma referência na teoria da educação desde a década de 1960. Seu propósito, criado pelo psicólogo Benjamin Bloom (1913-1999) e sua equipe, era promover formas superiores de pensamento na educação, em vez de apenas memorização mecânica. Em sua forma mais moderna, a taxonomia de Bloom divide os objetivos de aprendizagem em três domínios: cognitivo, afetivo e psicomotor. Vamos nos aprofundar em cada um desses domínios e entender sua relevância na educação contemporânea.

No mundo da educação, a taxonomia de Bloom ocupa um lugar significativo e tem sido um referencial fundamental para categorizar os objetivos educacionais e, consequentemente, moldar as atividades de ensino e aprendizagem. Um bom ensino idealmente incorpora os três domínios para envolver totalmente os alunos, estimular suas mentes, tocar seus corações e guiar suas ações físicas. Uma ênfase excessiva em um domínio em detrimento dos outros leva a um desequilíbrio nos resultados da aprendizagem. A integração da IA com outras ferramentas tecnológicas auxilia os professores a desenvolver estratégias para abordar efetivamente os três domínios.

## Domínio cognitivo da taxonomia de Bloom

O domínio cognitivo abrange habilidades mentais e conhecimentos. É o que a maioria das pessoas pensa ao discutir a taxonomia de Bloom, pois envolve cognição ou pensamento. Ele foi posteriormente revisado por Anderson e Krathwohl (2001), e a taxonomia revisada agora é representada como lembrar, compreender, aplicar, analisar, criar e avaliar, sendo a criação o nível mais elevado do domínio cognitivo.

O domínio cognitivo desafia os alunos a pensar em diferentes níveis, indo além da simples memorização de fatos para formas mais complexas de compreensão. Ele sustenta a parte acadêmica da educação, fornecendo uma estrutura que auxilia os professores a projetar tarefas e perguntas que exigem dos alunos uma profundidade de compreensão e capacidade de manipular as informações que aprenderam.

**QUADRO 1. Domínio cognitivo da taxonomia de Bloom**

| Categoria | Descrição |
|---|---|
| 1. Lembrar | Recuperar, reconhecer e recordar informações relevantes da memória de longo prazo. |
| 2. Compreender | Construir significado a partir de mensagens orais, escritas e gráficas. |
| 3. Aplicar | Usar procedimentos para resolver problemas, realizar tarefas ou desempenhar uma ação. |
| 4. Analisar | Separar a informação em componentes ou partes para que suas estruturas organizacionais possam ser entendidas. |
| 5. Criar | Reorganizar elementos para formar um novo todo coerente ou estruturado. |
| 6. Avaliar | Fazer julgamentos baseados em critérios e padrões. |

Na categoria do conhecimento, ou lembrar, a IA é usada para ajudar os alunos a adquirir e lembrar conhecimentos fundamentais. Cartões de memorização, questionários e jogos com IA proporcionam uma abordagem mais interativa e envolvente para a memorização, atendendo a diferentes estilos de aprendizagem. A IA acompanha o progresso do aluno, ajustando a dificuldade e o foco do material com base no seu desempenho, reforçando, assim, o conhecimento que precisa ser fortalecido.

Ao avançarmos para a compreensão, a IA facilita a aprendizagem mais sutil e complexa. Ao oferecer *feedback* instantâneo, esclarecimento e explicação, a IA auxilia os alunos a compreender novos conceitos e ideias. A IA dá recomendações personalizadas para leituras ou atividades adicionais, ajudando os alunos a aprofundar sua compreensão no seu próprio ritmo.

Quando analisamos a aplicação, ou a habilidade de usar o conhecimento em novas situações, a IA é uma ferramenta inestimável. Simulações e laboratórios virtuais com IA fornecem aos alunos ambientes seguros e envolventes para aplicar seus conhecimentos e habilidades. Essa abordagem prática permite que os alunos aprendam fazendo, o que aprimora sua compreensão e a retenção de conhecimentos.

O potencial da IA se torna ainda mais evidente quando abordamos habilidades de pensamento de ordem superior, como análise e síntese. A IA apoia esses processos cognitivos fornecendo ferramentas para análise, modelagem e visualização de dados. A IA facilita a aprendizagem baseada em projetos, em que os alunos são desafiados a analisar um problema, sintetizar informações e criar uma solução. A IA auxilia na avaliação desses projetos, fornecendo feedback objetivo e detalhado.

O último nível da taxonomia de Bloom no domínio cognitivo é a avaliação, ou a habilidade de julgar o valor do material com base em critérios específicos. Nesse ponto, a IA apoia habilidades de pensamento crítico e tomada de decisões. Por exemplo, a IA apresentaria aos alunos diferentes cenários ou argumentos e os desafiaria a avaliá-los com base em evidências, em lógica ou em considerações éticas.

## Domínio afetivo da taxonomia de Bloom

À medida que continuamos a explorar a integração da Inteligência Artificial nas estratégias educacionais, avançamos para o domínio afetivo da taxonomia de Bloom.

O domínio afetivo é frequentemente negligenciado, mas não é menos importante. Ele abrange as atitudes, emoções e sentimentos frequentemente associados à aprendizagem. É dividido em cinco níveis: receber, responder, valorizar, organizar e caracterizar. Esse domínio diz respeito à resposta emocional dos alunos em relação à aprendizagem.

Ao incorporar metas afetivas no currículo, os professores ajudam os alunos a desenvolverem uma atitude melhor em relação à aprendizagem, a se tornarem mais conscientes de si e a melhorarem sua capacidade de entender as perspectivas dos outros. Isso é especialmente importante no mundo global e multicultural de hoje, em que a compreensão e a empatia são habilidades-chave.

QUADRO 2. Domínio afetivo da taxonomia de Bloom

| Categoria | Descrição |
|---|---|
| 1. Receber | Estar disposto a ouvir, prestar atenção. |
| 2. Responder | Participar ativamente, mostrar interesse. |
| 3. Valorizar | Reconhecer e expressar valor e compromisso com ideias, pessoas ou fenômenos. |
| 4. Organizar | Integrar diferentes valores, resolver conflitos entre eles, começar a construir um sistema de valores interno. |
| 5. Caracterizar | Agir de maneira consistente com o valor, sistema de crenças ou código de ética adotado. |

No nível de receber, a IA encoraja os alunos a serem mais abertos a novas experiências e perspectivas. Ela dá uma variedade de recursos educacionais de todo o mundo, promovendo uma atitude mais inclusiva e de mente aberta. Por meio de discussões e simulações interativas baseadas em IA, os alunos vivenciam diferentes culturas, pontos de vista e situações, aumentando, assim, sua receptividade.

Para o nível de responder, a IA aprimora o engajamento e a participação dos alunos. *Chatbots* de IA criam discussões interativas, facilitando uma participação mais ativa dos alunos. Da mesma forma, a IA auxilia os professores a projetar atividades que estimulem respostas emocionais, como empatia e curiosidade, reforçando a experiência de aprendizagem.

Quando consideramos o valorizar, a IA tem o potencial de auxiliar os alunos a reconhecer e considerar diferentes valores. Por meio da exposição a culturas e perspectivas diversas, os alunos refletem sobre seus próprios valores e como eles se alinham ou diferem dos outros. Isso leva a uma melhor compreensão e aceitação da diversidade.

O nível de organizar envolve comparar, relacionar e sintetizar valores. Nesse sentido, a IA oferece uma plataforma para os alunos expressarem, discutirem e debaterem seus valores com seus colegas. A IA facilita isso, fornecendo um ambiente seguro e estruturado para o diálogo.

Por fim, no nível de caracterizar, a IA auxilia os alunos a agir de forma consistente com seus valores. Por exemplo, a IA colabora com cenários nos quais os alunos possam colocar seus valores em prática, como simulações virtuais que exijam tomada de decisões éticas.

**Domínio psicomotor da taxonomia de Bloom**

Ao passarmos para o domínio psicomotor, a IA oferece oportunidades empolgantes para aprimorar a aprendizagem.

O domínio psicomotor é o domínio da "ação" e envolve movimento físico, coordenação e uso de habilidades motoras. É menos visível em ambientes tradicionais de sala de aula, mas é fundamental em áreas como educação física, música, artes e outras áreas que exigem atividade física precisa.

Os níveis do domínio psicomotor incluem imitação, manipulação, precisão, articulação e naturalização. Desde tarefas motoras simples, como usar um lápis, até tarefas complexas, como operar uma máquina complicada, esse domínio desempenha um papel fundamental em muitas profissões práticas.

**QUADRO 3. Domínio psicomotor da taxonomia de Bloom**

| Categoria | Descrição |
| --- | --- |
| 1. Imitação | Reproduzir uma ação que foi demonstrada ou explicada. |
| 2. Manipulação | Realizar certas ações seguindo instruções ou usando um exemplo para orientação. |
| 3. Precisão | Demonstrar uma ação com precisão, sem a necessidade de guias ou exemplos. |
| 4. Articulação | Adapta-se e integra habilidades e conhecimentos em atividades complexas e situações. |
| 5. Naturalização | Demonstrar um alto nível de desempenho ou proficiência em uma ação, de forma que se torne automática ou natural, sem a necessidade de pensar. |

No nível fundamental da percepção, a IA é usada para criar ambientes de aprendizagem imersivos, usando realidade virtual ou aumentada. Isso é especialmente benéfico em áreas como medicina, engenharia e educação física, em que os alunos praticam e aprimoram suas habilidades motoras com segurança.

Em termos de preparação ou prontidão para agir, a IA é empregada para simular cenários do mundo real nos quais os alunos possam praticar diferentes tarefas motoras. Essas simulações são adaptadas ao nível de cada aluno.

A resposta guiada, estágio inicial da aprendizagem de uma habilidade complexa, é facilitada pela IA por meio de orientação passo a passo. Por exemplo, quando se aprende a tocar um instrumento musical, ela dá feedback em tempo real, ajudando os alunos a corrigirem sua técnica.

O mecanismo, estágio intermediário na aprendizagem de uma habilidade física, é aprimorado com a IA. Os alunos usam ferramentas com ela para praticar e aprimorar suas habilidades no próprio ritmo, recebendo feedback instantâneo e sugestões de melhoria.

A resposta complexa e ostensiva, estágio de desempenho habilidoso de atos motores, é aprimorada usando a IA. Ela fornece simulações complexas que exigem um alto nível de proficiência, estimulando os alunos a melhorar.

O nível de adaptação envolve habilidades bem desenvolvidas, e o indivíduo modifica os movimentos de acordo com requisitos especiais. A IA auxilia nesse sentido, simulando diferentes cenários, que exigem que os alunos adaptem suas habilidades conforme necessário.

Por fim, no nível de originação, ela fornece uma plataforma para os alunos criarem ações motoras. Isso envolve o *design* de seus próprios cenários virtuais ou a criação de novos movimentos em um ambiente simulado.

Assim como no domínio cognitivo, é essencial navegar pela incorporação da IA nos domínios afetivo e psicomotor de forma responsável. Os professores devem receber treinamento adequado para usar essas ferramentas de forma eficaz, e as considerações éticas da IA, como possíveis vieses, privacidade e proteção de dados, devem ser abordadas.

Entre algumas maneiras-chave pelas quais a IA é empregada no ambiente educacional está a criação de materiais de estudo em que ferramentas geram automaticamente resumos e revisões de tópicos, permitindo que os alunos compreendam rapidamente conceitos-chave a partir de abundância de material de estudo. Isso não apenas economiza tempo, como garante que nenhuma informação crítica seja ignorada.

Assistentes virtuais baseados em IA fornecem respostas instantâneas e precisas às perguntas dos alunos, fomentando um ambiente de aprendizado contínuo. Essa disponibilidade 24/7 reduz o tempo de espera dos alunos por esclarecimento de dúvidas, melhorando a eficiência geral do aprendizado.

Vamos considerar um cenário em que um aluno está estudando até tarde da noite e se depara com um problema desafiador em sua lição de Matemática. Em vez de esperar até o dia seguinte pelo auxílio do professor, o aluno apresenta o problema ao ChatGPT, que orienta no processo de resolução do problema.

Como vimos anteriormente, a ferramenta avalia o estilo de aprendizado, o ritmo e as áreas de interesse de cada aluno para desenvolver conteúdo que seja exclusivamente adaptado às suas necessidades.

Também simula conversas em uma infinidade de contextos, auxiliando os alunos no aprimoramento de suas habilidades sociais. Essas simulações são especialmente benéficas para os alunos que precisam praticar cenários específicos, como entrevistas de emprego ou falar em público. Nesse contexto, a ludicidade é importante para o professor chegar a aplicações da ferramenta em territórios e experimentações ainda não explorados.

A IA gera histórias criativas com base em várias sugestões, estimulando a imaginação e as habilidades narrativas dos alunos. Isso é particularmente útil em oficinas de escrita ou aulas de literatura. Além disso, auxilia na tradução de palavras e frases em vários idiomas em tempo real, apoiando os alunos no aprendizado de idiomas. A tecnologia fornece dicas de pronúncia e contexto cultural, facilitando uma compreensão mais sutil.

A seguir, abordo algumas metodologias ativas de ensino e aprendizagem mais utilizadas nas instituições de ensino.

**Cultura Maker**

A recente virada na maré educacional testemunhou a influência abrangente da Cultura Maker (Milne *et al.*, 2014). Trata-se de uma filosofia que exalta as virtudes da aprendizagem prática, alimentando a curiosidade e estimulando a paixão pela criação e pela inovação. A união dessa cultura com a Inteligência Artificial é um caminho repleto de promessas. Vamos explorar como a IA é um catalisador no processo ativo de ensino e aprendizagem da Cultura Maker.

A Cultura Maker prospera com a ética do "faça você mesmo", encorajando os alunos a criar, experimentar e explorar. À medida que nosso mundo continua a ser permeado pela IA, sua integração educacional à Cultura Maker torna-se um caminho para preparar os alunos para um futuro dominado pela tecnologia.

A IA aprimora a Cultura Maker de várias maneiras, principalmente tornando a aprendizagem acessível e envolvente. Por exemplo, ferramentas de IA fornecem aos alunos *feedback* em tempo real enquanto trabalham em projetos, oferecendo orientações, destacando áreas de melhoria e acelerando o processo de aprendizagem. Essas ferramentas analisam as interações e o desempenho dos alunos, adaptando o conteúdo educacional para atender ao ritmo, aos interesses e às habilidades de cada aluno, promovendo um ambiente de aprendizagem mais inclusivo e personalizado.

A IA facilita uma abordagem de aprendizagem baseada em projetos na Cultura Maker. Plataformas baseadas em IA permitem que os alunos colaborem em projetos, reunindo seus recursos e talentos. Ao mesmo tempo, o sistema de IA acompanha o progresso do projeto, identifica possíveis obstáculos, sugere soluções e fornece recursos adicionais.

Existe um potencial poderoso para os alunos se envolverem diretamente com a IA e o aprendizado de máquina como parte de suas atividades de criação. Construir e programar modelos de IA simples, por exemplo, oferece aos alunos experiência prática com essas tecnologias. Eles projetam robôs com IA ou criam modelos preditivos com base em conjuntos de dados que eles mesmos coletaram.

Apesar dos muitos benefícios, é importante abordar a incorporação da IA na Cultura Maker com um olhar crítico. Embora a IA possa enriquecer a experiência de aprendizagem, existe o risco de dependência excessiva dessas ferramentas. É vital manter um equilíbrio, garantindo que a IA sirva como uma ferramenta para a aprendizagem, não como uma muleta.

O papel da IA no movimento da Cultura Maker é o de facilitador e guia, fornecendo recursos, personalizando experiências de aprendizagem e oferecendo *insights*. Mas o coração da Cultura Maker – a criatividade, a curiosidade e a alegria de aprender – permanece firmemente nas mãos dos alunos. São suas ideias, suas inovações e suas criações que realmente definem a Cultura Maker. A IA, então, é uma ferramenta poderosa que aprimora essa experiência, oferecendo novas oportunidades e desafios.

À medida que navegamos por essa paisagem complexa e emocionante, é importante lembrar que a educação é, essencialmente, uma empreitada humana – uma que a IA apoia, mas não substitui. O futuro da educação, portanto, reside na combinação criativa de tecnologia e pedagogia, em que a IA e a Cultura Maker convergem para promover um ambiente de descoberta, criatividade e inovação.

A Cultura Maker alimenta a curiosidade, estimula a criatividade e preparamelhor os alunos. Para incorporá-la em sala de aula, siga estes passos:

1. **Familiarize-se com a IA e com a Cultura Maker:** antes de introduzir essa fusão inovadora para seus alunos, familiarize-se tanto com a IA quanto com a Cultura Maker. Entenda sua importância e o potencial que possuem quando combinados. Recursos on-line, webinars ou workshops são de grande ajuda.

2. **Defina seus objetivos de aprendizagem:** identifique os resultados de aprendizagem que você deseja alcançar ao incorporar a IA à Cultura Maker. Tenha clareza sobre o conhecimento e as habilidades que seus alunos devem adquirir. Isso envolve o entendimento dos conceitos básicos de IA, habilidades práticas de resolução de problemas ou até mesmo criatividade e inovação no desenvolvimento de projetos alimentados por IA.

3. **Crie um ambiente envolvente:** crie um espaço *maker* que encoraje os alunos a explorar e a inovar. Uma sala de aula dedicada ou um canto da sala de aula regular, preenchido com materiais e ferramentas que os alunos possam usar para criar e experimentar. Inclua ferramentas e recursos de IA adequados para a idade e que estejam alinhados com seus objetivos de aprendizagem.

4. **Introduza a IA e a Cultura Maker:** apresente seus alunos à IA e à Cultura Maker. Certifique-se de que está seguro para explicar o que é IA, sua relevância hoje e a importância da Cultura Maker. Desperte o interesse deles com exemplos de IA na vida cotidiana e com projetos *maker* empolgantes.

5. **Prepare um projeto:** crie um projeto que combine IA com a Cultura Maker, buscando um equilíbrio entre os dois. Certifique-se de que o projeto seja envolvente, relevante e alcançável, com instruções claras e critérios de sucesso definidos. Ele envolve a construção de um modelo de IA simples, o projeto de um dispositivo alimentado por IA ou até mesmo o uso de ferramentas de IA para analisar dados coletados pelos alunos.

6. **Facilite e oriente:** à medida que seus alunos mergulham no projeto, atue como um facilitador. Ofereça orientação, ajude-os a solucionar problemas e garanta que estabeleçam conexões significativas com o currículo. Faça uso de ferramentas de IA para

fornecer *feedback* em tempo real e personalizar a experiência de aprendizagem para cada aluno.

7. **Reflita e avalie:** após a conclusão do projeto, incentive os alunos a refletir sobre sua experiência. O que eles aprenderam? Quais desafios enfrentaram? Como os superaram? Avalie o trabalho deles com base nos critérios de sucesso predefinidos e forneça um *feedback* construtivo.

8. **Mostre e compartilhe:** por fim, mostre os projetos concluídos. Crie uma oportunidade para os alunos compartilharem seu trabalho, seja em sala de aula, seja durante um evento especial de apresentação. Esse compartilhamento reforça o senso de conquista dos alunos e lhes proporciona a chance de aprender com seus colegas.

**Design Thinking**

A união da Inteligência Artificial com metodologias ativas de ensino e aprendizagem, como o Design Thinking, inaugura uma era transformadora na educação. A IA, com sua capacidade de personalizar a aprendizagem e fornecer *feedback* em tempo real, e o Design Thinking, com seu foco em empatia, solução de problemas e criatividade, têm o potencial de remodelar salas de aula e currículos.

Nos primórdios da aplicação do Design Thinking, dois autores se destacam: J. E. Arnold e L. B. Archer. Arnold (1959) explora o tema da engenharia criativa e como ela promove a inovação por meio de uma abordagem diferenciada. Archer (1963, 1964) apresenta uma série de artigos sobre o método sistemático para designers, abordando diferentes aspectos do processo de design, incluindo estética e lógica, design e sistema, definição do *briefing*, análise de evidências, salto criativo, trabalho braçal e os passos finais.

O Design Thinking, originalmente uma metodologia usada no desenvolvimento de produtos e serviços, envolve uma abordagem centrada no ser humano para a solução de problemas. Suas cinco etapas, propostas por Plattner *et al.* (2011) – empatizar, definir, idear, prototipar e testar –, ajudam os alunos a se colocarem no lugar das pessoas para as quais estão projetando, definir o problema, gerar ideias, criar protótipos e testar suas ideias. Incorporar a IA a esse processo aumenta seu impacto, tornando-o mais eficaz.

Na etapa de empatizar, a IA facilita a coleta e a análise de dados qualitativos e quantitativos sobre os usuários, aprimorando a compreensão de suas necessidades e desafios. Com suas capacidades de Processamento de Linguagem Natural (PLN), a IA analisa entrevistas, pesquisas e dados de redes sociais para descobrir padrões e *insights* que passariam despercebidos em uma análise humana.

Na etapa de definir, a IA possibilita identificar a causa raiz do problema. Com sua capacidade de lidar com grandes volumes de dados e identificar padrões, a IA fornece uma compreensão mais precisa e aprofundada do problema, permitindo que os alunos elaborem declarações de problema mais precisas e eficazes.

A etapa de idear se beneficia da IA. Ferramentas de *brainstorming* com IA estimulam a criatividade e geram ideias inovadoras. Essas ferramentas, ao fornecerem inspiração e desafiar pressupostos, facilitam o pensamento criativo no processo de Design Thinking.

A etapa de prototipar envolve a criação de uma versão em menor escala do produto ou solução, que é aprimorada com base no *feedback*. Nesse ponto, a IA possibilita que se criem protótipos digitais ou de realidade virtual, permitindo iteração rápida e refinamento. A IA oferece análises preditivas para prever o desempenho do protótipo, fornecendo informações valiosas para seu aprimoramento.

Por fim, na etapa de testar, a IA analisa os resultados dos testes realizados pelos usuários, fornecendo *insights* sobre como o protótipo é aprimorado. Ao processar objetivamente o *feedback* do usuário, a IA orienta o processo de refinamento, garantindo que a solução final seja eficaz e centrada no usuário.

A incorporação da IA no processo de Design Thinking na sala de aula desenvolve um conjunto mais amplo de habilidades entre os alunos. Eles aprendem a utilizar tecnologia enquanto desenvolvem seu pensamento crítico, solução de problemas, empatia e criatividade. Eles aprendem a aproveitar a IA para tomar decisões baseadas em dados, ao mesmo tempo que entendem que a IA é uma ferramenta que necessita do elemento humano de interpretação e da empatia.

No entanto, embora a integração da IA e do Design Thinking ofereça muitas promessas, ela apresenta certos desafios. Os professores devem garantir que os alunos entendam como a IA funciona e suas limitações. Isso ajudará os alunos a usar a IA de forma eficaz e ética. Os professores precisam de treinamento para facilitar essa integração e lidar com eventuais dificuldades técnicas.

A fusão da IA com o processo de Design Thinking tem o potencial de criar um ambiente dinâmico e enriquecedor na sala de aula. Aprimora as habilidades de resolução de problemas dos alunos e os capacita a criar soluções mais eficazes e centradas no usuário. À medida que avançamos em direção a essa paisagem educacional transformadora, os professores e alunos adquirem o suporte e o conhecimento necessários para navegar nela.

O Design Thinking com IA oferece aos alunos uma oportunidade única de explorar problemas do mundo real enquanto aprendem a ter empatia pelos usuários, a criar soluções e a iterar com base no *feedback*. O processo estimula a criatividade, a resiliência e a colaboração, e o uso da IA permite que os alunos vislumbrem como a tecnologia é utilizada para resolver problemas.

Design Thinking é uma abordagem centrada no usuário para a resolução de problemas, e a integração de ferramentas de IA enriquece ainda mais o processo. Siga os passos abaixo para utilizá-lo.

1. **Identificar objetivos de aprendizagem:** o primeiro passo é estabelecer os objetivos de aprendizagem. Eles incluem o desenvolvimento de uma compreensão do processo de Design Thinking, empatia, trabalho em equipe, resolução de problemas e aplicação de IA.

2. **Apresentar Design Thinking e IA:** explique o conceito de Design Thinking e suas etapas – empatizar, definir, idear, prototipar e testar. Apresente as ferramentas de IA que serão usadas e demonstre como são utilizadas durante o processo de Design Thinking.

3. **Escolher um problema:** selecione um problema que possa se valer de uma abordagem centrada no usuário e envolva a aplicação de IA. Por exemplo, projetar um aplicativo baseado em IA para ajudar pessoas com deficiência visual em tarefas diárias.

4. **Empatizar:** durante essa fase, os alunos aprendem sobre as necessidades, desejos e limitações dos usuários. O uso de ferramentas de IA para coleta e análise de dados é benéfico. Por exemplo, pesquisas baseadas em IA e ferramentas de escuta social coletam dados dos usuários.
5. **Definir:** os alunos articulam as necessidades e problemas do usuário. Nesse ponto, as ferramentas de IA ajudam a analisar e sintetizar os dados coletados para criar *personas* de usuário e declarações de problemas.
6. **Idear:** os alunos fazem uma tempestade de ideias de uma variedade de soluções criativas que possam resolver o problema do usuário. A IA auxilia fornecendo informações ou *insights* que estimulem o pensamento criativo.
7. **Prototipar:** os alunos criam uma representação de uma ou mais de suas ideias. Se a solução envolver o desenvolvimento de um produto baseado em IA, eles usam ferramentas de IA para criar um modelo ou protótipo funcional.
8. **Testar:** os alunos testam seu protótipo com os usuários e coletam feedback. Ferramentas de análise de dados baseadas em IA ajudam a interpretar as respostas dos usuários e identificar padrões no feedback.
9. **Iterar com base no feedback:** com base no *feedback* dos usuários, os alunos refinam seu protótipo, fazem os ajustes necessários e o testam novamente. As ferramentas de IA ajudam a rastrear as mudanças e a prever resultados.
10. **Refletir:** após o processo de Design Thinking, os alunos refletem sobre sua jornada de aprendizagem, suas experiências com o uso de IA e como sua compreensão das necessidades do usuário e do problema evoluiu ao longo do tempo.
11. **Compartilhar aprendizados:** finalmente, os alunos apresentam sua solução, discutindo seu processo, os aprendizados e como a IA foi fundamental para o projeto.

## Aprendizagem Baseada em Problemas

A interseção entre a Inteligência Artificial e a Aprendizagem Baseada em Problemas (ABP) oferece uma trajetória promissora para a inovação educacional. Tanto a IA quanto a ABP encorajam o engajamento ativo, a personalização do conteúdo e o desenvolvimento de habilidades críticas de resolução de problemas, tornando-os perfeitamente alinhados para a sinergia na sala de aula.

A Aprendizagem Baseada em Problemas é uma metodologia centrada no estudante em que a aprendizagem surge por meio de reflexão e da resolução de problemas de natureza aberta. Foi desenvolvida por Barrows (1996), no ensino de medicina. Essa metodologia aprimora habilidades de resolução de problemas e pensamento crítico, promove a aprendizagem autodirigida e diminui a lacuna entre a aprendizagem teórica e a aplicação no mundo real. Quando entrelaçamos a IA nesse processo, podemos amplificar exponencialmente os benefícios, levando a uma experiência de aprendizagem mais rica.

A IA promove a criação de cenários de problemas personalizados com base na habilidade, no conhecimento prévio e nos interesses do aprendiz. Essa personalização aumenta significativamente o engajamento e a motivação dos estudantes, promovendo uma compreensão mais profunda e uma aprendizagem mais eficaz.

Na fase de resolução de problemas, a IA é uma ótima ferramenta para analisar dados, simular cenários e gerar previsões. Por exemplo, em uma aula de Biologia, a IA simularia a propagação de um vírus, permitindo que os estudantes experimentem diferentes estratégias de contenção. As capacidades preditivas da IA fornecem *feedback* imediato sobre os resultados potenciais de suas estratégias, orientando seu processo de tomada de decisão.

Tutores virtuais com IA oferecem orientação durante o processo de resolução de problemas. Eles ajudam os estudantes a esclarecer seus pensamentos, desafiar seus pressupostos e refletir sobre seu processo de aprendizagem. Esses tutores com IA oferecem assistência sob demanda, aprimorando a compreensão dos estudantes e ajudando-os a superar quaisquer obstáculos que encontrem em sua jornada de aprendizagem.

Um aspecto da ABP é a avaliação. A IA acompanha o processo de aprendizagem de cada estudante, captura suas estratégias de resolução de problemas e avalia seu desempenho com base em múltiplos parâmetros. As informações coletadas ajudam os professores a orientar o discente.

A IA promove a resolução colaborativa de problemas, um componente significativo da ABP. A IA facilita a comunicação eficaz entre os membros da equipe, a coordenação de tarefas e o gerenciamento dos conflitos. Isso promove uma cultura colaborativa, aprimorando as habilidades de trabalho em equipe e de comunicação dos estudantes.

No entanto, integrar a IA à ABP não está livre de desafios. Isso requer um alto nível de literacia digital entre professores e estudantes, bem como uma compreensão sólida das implicações éticas da IA. Os professores precisam de oportunidades de desenvolvimento profissional para se sentir confortáveis com as ferramentas e os aplicativos de IA. Por outro lado, os estudantes devem ser orientados a entender os limites e os vieses da IA a fim de usá-la de forma responsável e eficaz.

Para integrar a Inteligência Artificial à Aprendizagem Baseada em Problemas, sugerimos:

1. **Identificar objetivos de aprendizagem:** comece definindo os objetivos de aprendizagem. Estes devem envolver a alfabetização em IA e outros objetivos educacionais, como análise de dados, pensamento crítico ou colaboração.

2. **Definir o problema:** a essência da ABP é o problema em questão. Ele deve ser um problema do mundo real que possa ser solucionado por meio de ferramentas de IA. Por exemplo, desenvolver um sistema de reciclagem que utilize IA para classificar materiais.

3. **Selecionar ferramentas de IA adequadas:** com base no problema escolhido, identifique as ferramentas de IA adequadas a serem usadas. Essas ferramentas devem ajudar os alunos em suas pesquisas, análise de dados, processos de tomada de decisão ou desenvolvimento de soluções.

4. **Apresentar o problema e as ferramentas de IA:** apresente o problema aos alunos e explique por que ele é importante. Mostre a eles como as ferramentas de IA funcionam e como são usadas no contexto do problema.

5. **Realizar *brainstorming* e planejamento:** os alunos devem buscar soluções possíveis para o problema e decidir como usar as ferramentas de IA nesse processo. Incentive-os a atribuir funções dentro da equipe, elaborar um plano e definir prazos.
6. **Orientar os alunos no processo de resolução de problemas:** à medida que os alunos começam a trabalhar no problema, oriente-os sobre o uso eficaz das ferramentas de IA. Certifique-se de que estejam aplicando o pensamento crítico e utilizando a IA de maneira ética e responsável.
7. **Facilitar reflexão e discussão:** agende regularmente sessões de reflexão e discussão. Incentive os alunos a compartilhar suas experiências, desafios e sucessos no uso das ferramentas de IA, bem como no desenvolvimento de suas soluções.
8. **Avaliar a solução:** uma vez que os alunos tenham desenvolvido uma solução, avalie-a com base em critérios definidos, considerando tanto o processo quanto o produto. Isso inclui o uso de IA, trabalho em equipe e habilidades de resolução de problemas.
9. **Apresentar a solução:** peça aos alunos que apresentem sua solução para seus colegas ou outras pessoas. Isso estimula discussões adicionais sobre o problema, a solução escolhida e o uso de IA.
10. **Refletir após a solução do problema:** após o processo de resolução do problema, facilite uma sessão de reflexão. Peça aos alunos que considerem o que aprenderam sobre IA e resolução de problemas, e como aplicarão essas habilidades em situações futuras.

Assim como em qualquer metodologia educacional, a flexibilidade é fundamental. Essas sugestões devem se adequar ao contexto educacional específico, à idade dos alunos e à complexidade do problema. Lembre-se de que o objetivo principal é proporcionar uma experiência de aprendizagem prática, que integre a IA de maneira significativa e envolvente.

**Aprendizagem Baseada em Projetos – ABP**

A Inteligência Artificial e a Aprendizagem Baseada em Projetos são duas entidades com o potencial de alterar significativamente o cenário da educação. Como uma metodologia ativa centrada no estudante, a ABP promove a aprendizagem por meio da realização de projetos complexos que frequentemente abordam questões do mundo real. Por outro lado, a IA, com sua capacidade de personalização, análise de dados e resolução de problemas, é uma ferramenta poderosa dentro dessa metodologia.

A ABP surgiu do conceito "aprender fazendo", cunhado por John Dewey (1859-1952) no início de 1900 (Bender, 2012). Com o uso da IA, a ABP é transformada numa metodologia eficaz, que possibilita coleta de dados em tempo real, como o tempo que um estudante leva para responder a um questionário de álgebra na plataforma on-line, e, se o aluno demonstra proficiência em cálculo, mas dificuldade em álgebra linear, o sistema pode propor problemas do banco de questões que reforcem especificamente seus pontos fracos.

Na fase de planejamento da ABP, a IA fornece recursos ricos e relevantes para os estudantes. Mecanismos de busca e ferramentas de curadoria de conteúdo com IA auxiliam os estudantes a encontrar e filtrar rapidamente a abundância de informações de forma precisa. Isso economiza tempo, aprimora a qualidade da pesquisa e amplia a complexidade e o alcance dos projetos.

As ferramentas de IA auxiliam na execução do projeto e oferecem suporte durante todo o projeto, sendo possível identificar padrões de aprendizado e prever áreas em que grupos específicos de alunos possam enfrentar dificuldades. Por exemplo, os estudantes usam a IA para analisar dados, construir modelos ou simular cenários. Isso permite que eles se envolvam em tarefas de alto nível que antes eram inacessíveis devido à complexidade ou às limitações de recursos, aprofundando, assim, sua compreensão do tema em questão.

A IA aprimora o processo de avaliação na ABP. Por meio de algoritmos de aprendizado de máquina e análise de dados, a IA oferece *insights* sobre os processos de aprendizagem dos estudantes, suas estratégias de resolução de problemas e sua dinâmica de colaboração. Dessa forma, os professores fornecem *feedback* e intervenções mais direcionados.

A colaboração é um componente-chave da ABP, e aqui também a IA contribui. A IA facilita a colaboração on-line, gerencia tarefas e até ajuda a resolver conflitos, identificando padrões negativos de interação.

A interseção entre a IA e a Aprendizagem Baseada em Projetos enriquece profundamente a experiência de aprendizagem. Ela possibilita a personalização da aprendizagem, aprimorando a qualidade dos projetos, fornecendo apoio e melhorando as avaliações. Conforme exploramos essa promissora interseção, precisamos capacitar nossos professores e estudantes com as habilidades e conhecimentos necessários e estar atentos às implicações éticas da IA. Dessa forma, podemos garantir que a fusão da IA com a ABP beneficie verdadeiramente nossos alunos, preparando-os para o futuro.

Os passos descritos a seguir (Markham, 2011) fornecem um guia sobre como integrar a Inteligência Artificial à Aprendizagem Baseada em Projetos para uma experiência educacional enriquecedora, que incentiva uma aprendizagem mais profunda e compreensiva.

1. **Identificar os objetivos de aprendizagem:** comece identificando claramente os objetivos de aprendizagem que você deseja que seus alunos alcancem. Eles estão relacionados a conteúdos curriculares essenciais, habilidades do século XXI, como resolução de problemas ou competências específicas em IA.

2. **Planejar o projeto:** decida o escopo e o tema do projeto. Garanta que esteja alinhado, visando a aprendizagem, e que seja relevante para contextos do mundo real. Isso varia desde criar um *chatbot* com IA, até analisar grandes conjuntos de dados ou abordar um problema da comunidade que possa ter a IA como parte da solução.

3. **Escolher ferramentas de IA adequadas:** com base nas necessidades do projeto, selecione as ferramentas de IA adequadas. Isso inclui mecanismos de busca baseados em IA para pesquisa, software de análise de dados para lidar com grandes conjuntos de dados, ferramentas de design com IA para criar protótipos, e assim por diante.

4. **Introduzir o projeto e as ferramentas de IA:** apresente o projeto aos alunos, explicando seu propósito, os requisitos e resultados esperados. Demonstre o uso das ferramentas de IA selecionadas, garantindo que os alunos entendam suas funcionalidades e implicações éticas.

5. **Estimular a criação de ideias e o planejamento:** oriente os alunos a criar ideias, planejar seu trabalho e atribuir papéis. Nesse momento, eles decidem como exatamente irão utilizar as ferramentas de IA em seu projeto.

6. **Facilitar a execução do projeto:** durante a execução do projeto, incentive os alunos a utilizar as ferramentas de IA para pesquisar, analisar dados, resolver problemas ou criar soluções. Acompanhe o progresso deles e forneça assistência quando necessário.

7. **Promover reflexão e discussão:** agende regularmente sessões de reflexão e discussão. Isso proporcionará aos alunos oportunidades de compartilhar suas experiências, seus desafios e *insights* ao usar a IA em seu projeto.

8. **Avaliar o projeto:** avalie o projeto com base em critérios predefinidos. As ferramentas de IA são utilizadas para ajudar na avaliação, fornecendo *insights* sobre a contribuição, a compreensão e o processo de aprendizagem de cada aluno.

9. **Compartilhar os resultados do projeto:** incentive os alunos a apresentar seus projetos para os colegas, para os pais ou até mesmo para um público externo. Isso lhes permitirá mostrar seu trabalho e a aplicação prática da IA que eles aprenderam.

10. **Reflexão pós-projeto:** após o projeto, envolva os alunos na reflexão sobre sua jornada de aprendizagem. Discuta os benefícios e desafios do uso da IA, as habilidades adquiridas e como eles podem aplicar esse conhecimento em projetos futuros ou em situações da vida real.

## Flipped Classroom

A era digital, como já vimos, é marcada pelo surgimento da internet e pela proliferação de dispositivos inteligentes, transformando fundamentalmente o cenário da educação. Entre as diversas metodologias de ensino que surgem como resposta a essas mudanças, a Sala de Aula Invertida (Flipped Classroom) e o uso da Inteligência Artificial se destacam, aproveitando a tecnologia para entregar a educação de forma mais eficaz e personalizada. Em particular, a integração da IA ao modelo da Sala de Aula Invertida abre um novo capítulo na educação, proporcionando um ambiente de aprendizagem enriquecido e interativo, que transcende os limites tradicionais.

A Sala de Aula Invertida foi cunhada por Nechkina (1984), na Rússia, visando a aprendizagem com base na exploração autônoma dos estudantes. Os conceitos atuais são baseados nos estudos de Mazur (1997), professor de Harvard.

Em uma Sala de Aula Invertida, a estrutura típica de aprendizagem é posta de cabeça para baixo. Os alunos são apresentados a novos conceitos em casa, principalmente por meio de conteúdos digitais, como vídeos on-line, e depois exploram esses conceitos em profundidade na sala de aula, por meio de discussões, resolução de problemas e trabalhos em grupo. A IA, com sua capacidade de adaptar e personalizar a aprendizagem, melhora significativamente esse modelo, fornecendo aos alunos uma experiência de aprendizagem personalizada antes da aula e ajudando os professores na sala de aula.

A fase inicial do modelo da Sala de Aula Invertida é a aprendizagem prévia à aula, na qual os alunos se envolvem com o novo material de forma independente. Nessa fase, a IA eleva significativamente a experiência de aprendizagem. Plataformas alimentadas por IA apresentam conteúdos educacionais adaptados ao estilo de aprendizagem, ao ritmo e ao nível de compreensão de cada aluno, promovendo assim um ambiente de aprendizagem inclusivo e personalizado. Os alunos interagem com tutores virtuais baseados em IA, fazem perguntas e recebem *feedback* imediato e individualizado. A capacidade da IA analisar uma abundância de dados em tempo real permite que essas plataformas se adaptem continuamente às necessidades dos alunos, facilitando uma jornada de aprendizagem verdadeiramente personalizada.

Quando os alunos entram na sala de aula após se envolverem independentemente com o material, estão preparados para aprofundar os conceitos, resolver problemas, trabalhar em projetos e participar de discussões. Nessa fase de aprendizagem ativa, a IA atua como uma ferramenta poderosa, tanto para os alunos quanto para os professores. A IA auxilia os alunos em projetos colaborativos, fornecendo ferramentas para gerenciamento de projetos, análise de dados e criação de conteúdo. Além disso, ela cria simulações realistas, facilitando a aprendizagem experiencial e dando vida a conceitos abstratos.

Para os professores, a IA dá *insights* sobre a compreensão e o progresso dos alunos com base em suas interações prévias à aula, permitindo que ajustem, de maneira mais eficaz, suas atividades e instruções em sala de aula.

A IA auxilia na fase pós-aula, fornecendo aos alunos materiais de revisão e exercícios personalizados, com base em seu desempenho na aula. Por meio da aprendizagem automática, a IA identifica áreas em que os alunos têm dificuldades e fornece recursos direcionados para preencher essas lacunas.

A combinação da Sala de Aula Invertida com a Inteligência Artificial (IA), para criar experiências de aprendizagem mais imersivas e personalizadas, é realizada seguindo estas etapas:

1. **Compreenda os fundamentos:** antes de embarcar nessa jornada, é essencial se familiarizar com os fundamentos do modelo da Sala de Aula Invertida e da IA. Você deve entender como funciona uma Sala de Aula Invertida e as diversas aplicações da IA na educação. Considere as necessidades e habilidades de seus alunos.

2. **Defina objetivos de aprendizagem:** comece identificando os objetivos de aprendizagem para sua turma e certifique-se de que estejam alinhados com os padrões do currículo e que sejam desafiadores o suficiente para seus alunos.

3. **Escolha a ferramenta de IA adequada:** selecione uma plataforma baseada em IA que complemente a metodologia da Sala de Aula Invertida. Idealmente, a ferramenta deve fornecer experiências de aprendizagem personalizadas, oferecer materiais interativos e gerar análises detalhadas sobre o progresso e as necessidades dos alunos.

4. **Desenvolva materiais de aprendizagem prévia à aula:** utilize a ferramenta de IA escolhida para criar materiais de aprendizagem prévia à aula, envolventes e interativos. O conteúdo é na forma de videoaulas, leituras, podcasts ou módulos interativos. A IA personaliza esses materiais para se adequarem ao ritmo e ao estilo de aprendizagem de cada aluno.

5. **Implemente a aprendizagem prévia à aula:** os alunos devem se envolver com os materiais de aprendizagem em casa. A IA oferece

questionários interativos para testar a compreensão, fornecer *feedback* em tempo real e adaptar o conteúdo com base nos padrões de aprendizagem individuais.

6. **Analise o desempenho e as necessidades dos alunos:** utilize as análises de IA para avaliar a interação dos alunos com os materiais de aprendizagem prévia à aula. Isso dá *insights* sobre sua compreensão e possibilita identificar as áreas em que eles têm dificuldades.

7. **Planeje atividades em sala de aula:** com base nos *insights* obtidos das análises de IA, planeje atividades em sala de aula que atendam às necessidades dos alunos. Isso envolve exercícios de resolução de problemas, discussões, trabalhos em grupo ou simulações de situações reais. A IA cria espaços de trabalho colaborativos ou simula cenários do mundo real.

8. **Implemente a aprendizagem ativa em sala de aula:** oriente os alunos nas atividades em sala de aula, promovendo a colaboração, a criatividade e o pensamento crítico. Use ferramentas de IA para auxiliar na gestão dessas atividades, forneça suporte instantâneo ou ofereça recursos adicionais.

9. **Revisão:** após a aula, utilize as análises de IA para avaliar o desempenho e a compreensão dos alunos. Isso orienta a criação de materiais e exercícios personalizados de revisão pós-aula.

10. **Refine e repita:** por fim, refine continuamente sua abordagem com base no *feedback* dos alunos e nos *insights* das análises de IA. Ajuste materiais de aprendizagem, atividades em sala de aula e a ferramenta de IA escolhida, conforme necessário.

**Gamificação**

Entre muitas de suas aplicações, a integração da IA com a metodologia de ensino e aprendizagem gamificada ativa em sala de aula tem o potencial de transformar estratégias pedagógicas e produzir resultados significativos. Vamos explorar essa fascinante fusão.

O mundo da educação está empolgado com o potencial da gamificação, uma metodologia de ensino que incorpora elementos de design de jogos em cenários de aprendizagem para tornar a educação mais envolvente e interativa. A gamificação tem mostrado notável capacidade de motivar os alunos, incentivando-os a participar ativamente de suas jornadas de aprendizagem e promovendo habilidades, como pensamento crítico, criatividade e colaboração.

Ao combinar IA com gamificação, podemos criar experiências educacionais personalizadas, adaptativas e imersivas. Jogos alimentados por IA monitoram o progresso dos alunos, fornecem *feedback* em tempo real, adaptam-se aos estilos de aprendizagem exclusivos dos alunos e facilitam a tomada de decisões orientada por dados na sala de aula.

Imagine um jogo em que os alunos embarcam em uma busca, resolvendo quebra-cabeças projetados para testar e aprimorar sua compreensão de um assunto. Conforme avançam, um sistema de IA acompanha seu desempenho, adaptando a dificuldade do jogo com base nas forças e fraquezas individuais. A IA apresenta desafios adicionais aos alunos que se destacam ou oferece suporte extra aos que têm dificuldades.

Jogos educacionais alimentados por IA simulam cenários do mundo real, incentivando os alunos a aplicar seus conhecimentos a situações práticas. Por exemplo, um jogo permite que os alunos administrem um negócio virtual, tomando decisões que envolvem matemática, economia e pensamento estratégico. Um sistema de IA analisa suas decisões, oferece *insights* sobre as consequências e sugere melhorias.

A IA aprimora a experiência imersiva da aprendizagem gamificada por meio da integração de tecnologias como realidade virtual (RV) e realidade aumentada (RA). Imagine uma aula de História em que os alunos, usando *headsets* de RV, sejam transportados às civilizações antigas, explorando maravilhas arquitetônicas e "testemunhando" eventos históricos. Ou uma aula de Biologia em que os alunos possam explorar o corpo humano ao nível celular por meio de RA, promovendo uma compreensão experiencial que os métodos tradicionais raramente oferecem.

A incorporação da IA na gamificação da aprendizagem em sala de aula torna a educação mais personalizada, imersiva e envolvente. Representa uma fronteira emocionante na educação, que molda o futuro do ensino e da aprendizagem. À medida que educadores e alunos navegam por esse novo mundo, a exploração deverá estar acompanhada de um entendimento das oportunidades e das significativas responsabilidades que essa tecnologia apresenta.

A seguir, um guia passo a passo para o professor que deseja incorporar a gamificação em suas práticas de ensino.

1. **Identificar objetivos de aprendizagem:** defina o que você deseja que seus alunos aprendam ou melhorem por meio do jogo. Isso inclui conceitos específicos da disciplina, habilidades interpessoais, como comunicação e trabalho em equipe, ou habilidades metacognitivas, como resolução de problemas.

2. **Escolher mecânicas de jogo adequadas:** as mecânicas escolhidas devem estar alinhadas aos seus objetivos de aprendizagem. Mecânicas comuns incluem pontos, níveis, distintivos, *rankings*, desafios e recompensas. Nesse caso, poderíamos usar uma estrutura de jogo de tabuleiro com progressão por etapas (correspondendo às etapas do ciclo da água, por exemplo, num tabuleiro em espiral que reflete diferentes locais, como um local inicial sobre evaporação, outro sobre condensação, outro de precipitação, coleta, e um último e final sobre infiltração da água, com cartas de perguntas com diferentes pontos, em que o jogador deve seguir numa trilha no tabuleiro entre um local e outro).

3. **Projetar a narrativa do jogo:** crie uma história envolvente para atrair os alunos. A narrativa deve ser emocionante e significativa, algo com que os alunos possam se identificar (no exemplo do ciclo da água, uma história que introduza as regras do jogo, e contar um caso sobre uma região afetada por problemas de saneamento seria interessante para relacionar o jogo com uma situação da vida real).

4. **Garantir que o jogo seja inclusivo e acessível:** o jogo deve atender a todos os alunos, independentemente de suas habilidades ou origens. Isso significa fornecer várias maneiras de atingir um objetivo ou oferecer níveis de dificuldade ajustáveis. Use imagens claras e linguagem simples. Permita a participação em grupo, para que os alunos possam se ajudar.

5. **Desenvolver as regras:** torne as regras do jogo claras e fáceis de entender. Além disso, certifique-se de que o jogo promova

comportamento positivo e incentive a interação respeitosa entre os alunos. Cada etapa terá uma pergunta ou desafio relacionado que eles devem responder para avançar, utilizando um dado para se mover pelo tabuleiro, por exemplo.

6. **Integrar o jogo ao currículo:** o jogo não deve parecer um acréscimo. Em vez disso, deve se integrar perfeitamente à lição, aprimorando a compreensão dos alunos sobre o assunto.

7. **Preparar os materiais:** verifique os insumos necessários para o jogo acontecer. Por exemplo, usando canetas coloridas e papel, crie um tabuleiro de jogo ilustrando as etapas do ciclo da água. Escreva perguntas ou desafios relacionados ao tema em pedaços de papel separados, que os jogadores pegarão quando chegarem a uma determinada etapa.

8. **Apresentar o jogo aos alunos:** explique as regras do jogo, a narrativa e os objetivos de forma clara aos alunos. Certifique-se de que os alunos entenderam como o jogo está relacionado ao que estão aprendendo.

9. **Monitorar o jogo:** observe como os alunos interagem com o jogo. Eles estão engajados? Estão aprendendo? Acham o jogo justo? Use essas observações para ajustar o jogo, se necessário.

10. **Avaliar os resultados de aprendizagem:** avalie a eficácia do jogo na conquista dos objetivos de aprendizagem. Isso é feito por meio de questionários, discussões ou pedindo aos alunos que reflitam sobre o que aprenderam com o jogo.

11. **Obter *feedback*:** peça *feedback* aos alunos. Do que eles gostaram no jogo? O que eles acharam desafiador? O que eles mudariam? Use esse *feedback* para aprimorar o jogo para uso futuro. O *feedback* faz com que eles se sintam parte do processo de construção da aprendizagem.

## Entrevista com Especialistas

Entre a variedade de metodologias de ensino ativas, as Entrevistas com Especialistas (Bogner *et al.*, 2009) se destacam como uma abordagem pedagógica única, que atende à curiosidade, à tendência exploratória e ao envolvimento direto dos alunos no processo de aprendizagem. A incorporação da IA a essa metodologia proporciona um impulso extraordinário ao envolvimento dos alunos, à aquisição de conhecimento e à experiência educacional na totalidade.

A Entrevista com Especialistas como metodologia de ensino e aprendizagem engaja os alunos com profissionais ou líderes de pensamento em um campo específico. Essa interação direta facilita uma experiência de aprendizagem profunda, permitindo que os alunos obtenham *insights* e entendimento que vão além dos limites dos livros didáticos. Oferece uma oportunidade de aprender em primeira mão com indivíduos que possuem experiência e conhecimento do mundo real, aumentando, assim, a autenticidade e a relevância da aprendizagem.

No contexto da incorporação da IA à metodologia de Entrevista com Especialistas, várias possibilidades se desdobram. A IA otimiza o processo de identificação, agendamento e condução de Entrevistas com Especialistas adequados. Ao aproveitar algoritmos de aprendizado de máquina, a IA vasculha vastos bancos de dados para identificar especialistas cuja experiência e conhecimento estejam alinhados aos objetivos de aprendizagem da turma. Esse pareamento facilitado pela IA reduz significativamente o tempo e o esforço necessários na tarefa desafiadora de encontrar profissionais adequados para as entrevistas com especialistas.

Plataformas de comunicação com IA aprimoram a eficiência e a eficácia dessas entrevistas. Essas plataformas oferecem recursos, como transcrição automática e tradução em tempo real, permitindo que alunos de diferentes origens linguísticas participem e compreendam a discussão. Algoritmos de Processamento de Linguagem Natural (PLN) são utilizados para analisar as respostas do especialista, identificar pontos-chave e resumir as informações, permitindo que os alunos compreendam rapidamente a essência da conversa.

Olhando para o futuro, a tecnologia de IA até mesmo facilitará "entrevistas virtuais com especialistas" por meio de sofisticados *chatbots*. Esses *chatbots* são programados com o conhecimento e a experiência de diversos especialistas, oferecendo aos alunos acesso contínuo às suas ideias. Isso revolucionaria a metodologia de Entrevista com Especialistas, quebrando as barreiras de tempo e geografia e tornando o conhecimento especializado mais acessível a todos os alunos. Também possibilita simular perguntas para preparar melhor os alunos antes de uma sessão de entrevista com um especialista, ajudando a quebrar o gelo e a timidez dos estudantes.

No entanto, embora a incorporação da IA à metodologia de Entrevista com Especialistas prometa avanços empolgantes, é vital lembrar que a IA serve como uma ferramenta, e não como um substituto para a interação humana. Os professores desempenham um papel importante ao fornecer orientação, considerações éticas e o toque humano, que são intrínsecos a uma experiência educacional completa. Eles devem garantir que o uso da IA complemente e aprimore os elementos humanos da aprendizagem, em vez de ofuscá-los. O elemento humano na educação continua sendo insubstituível. Os professores, como facilitadores e guias, devem combinar habilmente os pontos fortes da IA com os aspectos humanos inestimáveis do ensino e da aprendizagem. O futuro da educação parece promissor à medida que vislumbramos um ambiente em que a IA e a criatividade humana coexistam harmoniosamente, promovendo uma experiência de aprendizagem enriquecedora e envolvente.

A seguir, o passo a passo da utilização de um *chatbot* para simular uma entrevista com especialista.

1. **Definir objetivos:** o primeiro passo para utilizar *chatbots* de IA em entrevistas com especialistas envolve a definição de objetivos educacionais claros. Quais conceitos ou habilidades você deseja que seus alunos compreendam? Que perspectivas seriam valiosas para eles ouvirem? Determinar esses objetivos irá orientá-lo na escolha do especialista adequado para simular no *chatbot*.

2. **Selecionar o *chatbot* de IA:** em seguida, escolha uma plataforma de *chatbot* de IA que possa ser personalizada para atender aos seus objetivos. *Chatbots* baseados no GPT-3, por exemplo, têm sido reconhecidos por sua capacidade de gerar texto semelhante ao

humano, com base nos dados de entrada em que foram treinados. No entanto, considere a facilidade de uso, a customização, o custo e os recursos de privacidade e segurança ao fazer sua escolha.

3. **Programar o *chatbot* de IA:** será preciso programar o *chatbot* de IA escolhido com informações sobre o especialista ou especialistas que você está simulando. Isso envolve a inserção de informações-chave de seus textos, discursos, entrevistas ou outros materiais na base de conhecimento do *chatbot*. Certifique-se de que reuniu recursos que reflitam uma visão abrangente do trabalho e do pensamento do especialista.

4. **Testar o *chatbot* de IA:** antes de apresentar o *chatbot* de IA aos alunos, reserve um tempo para testá-lo minuciosamente. Faça uma variedade de perguntas para garantir que ele forneça respostas precisas, apropriadas e úteis. Refine a programação conforme necessário.

5. **Preparar os alunos:** antes da entrevista virtual, prepare seus alunos, apresentando o trabalho do especialista. Forneça algum contexto sobre a relevância dele para o conteúdo do curso e que *insights* ele oferece. Discuta o formato da entrevista com o *chatbot* de IA e estabeleça expectativas em relação ao engajamento respeitoso e reflexivo.

6. **Conduzir a entrevista virtual:** facilite a entrevista virtual, permitindo que os alunos interajam com o *chatbot* de IA individualmente ou em grupo. Incentive-os a fazer perguntas investigativas, a questionar as respostas do *chatbot* e a buscar esclarecimentos quando necessário.

7. **Refletir e revisar:** após a entrevista, promova uma sessão de reflexão e revisão. Discuta o que foi aprendido, como isso se conecta ao conteúdo geral do curso e se a compreensão ou as perspectivas dos alunos mudaram. Esse é um momento excelente para abordar quaisquer limitações do *chatbot* de IA e enfatizar a diferença entre interagir com uma simulação e uma pessoa real.

8. **Avaliar e iterar:** por fim, avalie o sucesso da atividade com base nos objetivos de aprendizado que você estabeleceu inicialmente. Reúna o *feedback* de seus alunos sobre sua experiência. Reflita sobre o

que deu certo e o que precisa ser melhorado. Faça iterações nesse processo para futuras entrevistas com *chatbots* de IA.

## Aprendizagem colaborativa

A colaboração é a capacidade de trabalhar em conjunto, compartilhando ideias, conhecimentos e recursos para atingir um objetivo comum (Rosa *et al.*, 2021). No ambiente escolar, a colaboração promove a troca de experiências, a construção coletiva do conhecimento e a valorização da diversidade de perspectivas. Ela estimula habilidades socioemocionais, como a empatia, a comunicação efetiva e o respeito mútuo.

Ao colaborar com os colegas, os estudantes se deparam com diferentes pontos de vista e aprendem a ouvir e a considerar opiniões diversas, ampliando sua compreensão do mundo. A colaboração desenvolve habilidades de trabalho em equipe e resolução de conflitos, competências valiosas tanto para o âmbito acadêmico quanto para o profissional.

O pensamento crítico é a capacidade de analisar, questionar e avaliar informações de maneira reflexiva e independente. Ele vai além da simples memorização de conteúdos, pois envolve a capacidade de discernir entre informações confiáveis e enganosas, identificar vieses e premissas implícitas e formar argumentos fundamentados. No contexto educacional, o pensamento crítico permite que os estudantes desenvolvam uma postura investigativa em relação ao conhecimento, estimulando a curiosidade, a criatividade e a capacidade de resolver problemas complexos. Ele fortalece a autonomia intelectual e o senso crítico dos estudantes, capacitando-os a tomar decisões informadas e a construir argumentações consistentes.

A colaboração e o pensamento crítico estão intrinsecamente relacionados. Quando estudantes colaboram em atividades acadêmicas, são desafiados a pensar criticamente, a questionar suposições e a justificar suas ideias. Os professores desempenham um papel fundamental ao criar um ambiente propício para a colaboração, estimular a participação ativa dos estudantes e propor atividades que exijam o uso do pensamento crítico.

Para promover a aprendizagem colaborativa existem algumas técnicas, como as descritas a seguir.

a) **_Brainstorming_ colaborativo:** estimula os estudantes a gerar ideias em grupo, aproveitando a interação com a IA para explorar diferentes perspectivas. Em uma aula de Ciências, estudantes realizam um *brainstorming* colaborativo com a IA para identificar possíveis experimentos a serem realizados.

b) **Discussão de casos ou problemas:** proporciona aos estudantes a oportunidade de analisar e discutir casos ou problemas específicos, com o apoio da IA. Em uma aula de Ética, os alunos discutem um dilema moral com a IA, explorando diferentes soluções e argumentos.

c) **Elaboração de projetos em grupo:** permite que os estudantes trabalhem em equipe, utilizando a IA como recurso para a elaboração e o aprimoramento de projetos. Em uma aula de História, os estudantes utilizam a IA para pesquisar, discutir e desenvolver um projeto sobre um evento histórico relevante.

d) **_Feedback_ colaborativo:** encoraja os estudantes a fornecer *feedback* reciprocamente, com o suporte adicional da IA para orientações e sugestões. Os alunos compartilham seus textos escritos entre si e recebem *feedback* tanto dos colegas quanto da IA para aprimorar suas habilidades de escrita.

Essas técnicas possibilitam a interação, criando um ambiente de aprendizagem colaborativa. Por meio de exemplos práticos, vemos como essas técnicas são aplicadas em diversas disciplinas e contextos educacionais.

Inteligência Artificial é uma força transformadora que está remodelando diversos aspectos da vida em todo o mundo. As instituições educacionais, em muitos países, já estão integrando tecnologias de IA em suas operações principais para promover a aprendizagem, agilizar tarefas administrativas e melhorar a tomada de decisões. Com a adoção da IA, há uma variedade de aplicações e projetos para melhorar os resultados e a eficiência do aprendizado.

# 4

# COMO A INTELIGÊNCIA ARTIFICIAL ESTÁ TRANSFORMANDO AS INSTITUIÇÕES EDUCACIONAIS

A Tradicionalmente, as instituições de ensino em todo o mundo, em seus departamentos de tecnologia da informação ou de ciências da computação, desenvolvem estudos de aplicações de IA, como a Graduate School of Education da Universidade de Stanford (EUA), que se concentra extensivamente no emprego de IA em ambientes educacionais e sistemas que individualizam as experiências de aprendizado; a Escola de Ciência da Computação da Carnegie Mellon University (CMU/EUA), que abriga um centro de pesquisa dedicado à IA e suas aplicações educacionais – o Human-Computer Interaction Institute –; e o Media Lab do Instituto de Tecnologia de Massachusetts (MIT/EUA), que está ativamente envolvido em vários projetos que utilizam IA para aprimorar as experiências de aprendizado.
Instituições de ensino utilizam a IA para diversos propósitos, sendo um deles o de melhoria dos serviços de apoio aos estudantes. Eles

empregam um *chatbot* de IA que oferece assistência 24 horas por dia aos estudantes, respondendo às suas perguntas, fornecendo informações sobre cursos e eventos e orientando-os em processos administrativos. Esse sistema de apoio impulsionado por IA garante respostas rápidas e reduz as cargas administrativas, melhorando, assim, a eficiência. O mesmo ocorre na Staffordshire University (2019), no Reino Unido, e na Georgia Tech (Mcfarland, 2016), nos Estados Unidos, com *chatbots* respondendo a perguntas comuns que seriam tradicionalmente tratadas por um professor ou membro do corpo docente.

Em se tratando de governos, nos Estados Unidos, o escritório de Tecnologia Educacional (2023) está criando regras e suporte para o uso de IA na educação. Eles querem que essa tecnologia seja usada de maneira segura, justa e eficaz, pois sabem que a IA traz alguns riscos, especialmente em relação à proteção dos dados pessoais, e estão trabalhando para prevenir esses problemas. Eles defendem que os humanos devem sempre estar envolvidos no processo e que a IA deve seguir a visão que eles têm para a educação.

Um estudo do Departamento de Educação dos Estados Unidos (Jacovina; Mcnamara, 2016; Karacı *et al.*, 2018) descobriu que os Sistemas Tutoriais Inteligentes (*Intelligent Tutoring Systems* – ITS) existentes melhoram a alfabetização dos alunos, aprimorando sua compreensão de leitura e suas habilidades de escrita. Esses ITS são sistemas alimentados por algoritmos de aprendizado de máquina que fornecem planos de aula personalizados e adaptáveis, com base nas necessidades e no ritmo de aprendizagem de cada aluno. Eles analisam os dados do aluno para entender os padrões de aprendizado e fornecem sugestões personalizadas, *feedback* e exercícios adequados às necessidades individuais de cada aluno.

Na Espanha, a fundação ProFuturo está trabalhando para melhorar a educação de crianças e professores, especialmente em áreas mais pobres das Américas. Eles estão levando educação digital para as escolas, com a ajuda de parceiros locais, incluindo governos e universidades. Estão em busca de empresas de tecnologia para ajudá-los a encontrar novas ferramentas e soluções para desafios, como falta de energia e internet.

Já no Brasil, a Estratégia Brasileira de Inteligência Artificial (EBIA, 2023) está guiando as ações do país para desenvolver pesquisas, inovações e soluções usando a IA.

Na Finlândia (Good News From Finland, 2021), escolas primárias utilizam uma plataforma baseada em IA que se adapta ao ritmo e ao estilo de aprendizagem de cada estudante. Essa plataforma analisa o desempenho do estudante em tarefas e adapta lições e exercícios para fortalecer suas áreas de fraqueza e impulsionar suas áreas de destaque. Ao atender às preferências e habilidades de aprendizagem individuais, a IA auxilia na criação de uma experiência de aprendizagem ideal.

Em Singapura, a Cialfo (2023) utiliza a IA para auxiliar os estudantes a navegar no processo de admissão em universidades. A plataforma usa algoritmos para analisar uma variedade de fatores, incluindo notas, atividades extracurriculares e preferências pessoais, para sugerir universidades que seriam uma boa combinação para cada aluno.

Cerca de uma em cada quatro escolas na China (Zatsarenko *et al.*, 2021) está testando uma plataforma de autoavaliação de aprendizado de máquina que fornece sugestões sobre o trabalho realizado. Nesse caso, as ferramentas de IA avaliam tarefas e exames com grande precisão e eficiência, economizando uma quantidade significativa de tempo dos professores. Essas ferramentas garantem consistência na pontuação, eliminando potencialmente o viés e reduzindo o erro humano. A ferramenta também dá *feedback* personalizado para alunos e professores.

O Duolingo (2023), um aplicativo de aprendizado de idiomas, usa IA para garantir que as aulas sejam ritmadas e niveladas para cada aluno, de acordo com seu desempenho.

Nos países em desenvolvimento, a adoção da IA na educação continua em estágio inicial. No entanto, ela está avançando significativamente, trazendo oportunidades promissoras para vencer os desafios educacionais prevalentes nessas regiões.

Um exemplo notável é encontrado na zona rural da Índia, onde há falta de recursos educacionais de qualidade. Uma ONG, em colaboração com uma empresa de tecnologia, lançou um projeto que utiliza IA para fornecer experiências de aprendizagem personalizadas para os estudantes. Eles implementaram um aplicativo de aprendizagem baseado em IA, em *tablets* de baixo custo. Esse aplicativo analisa os padrões de aprendizagem de cada estudante e projeta conteúdos educacionais personalizados. Apesar dos recursos limitados, a ferramenta de IA tem oferecido a esses estudantes uma experiência de aprendizagem personalizada e interativa, muitas vezes reservada aos seus colegas em escolas urbanas com melhor financiamento.

Na África, o continente com o maior número de crianças fora da escola, a IA oferece soluções potenciais para diminuir a lacuna educacional. Em Uganda, uma *startup* local desenvolveu uma plataforma on-line alimentada por IA, que fornece aos alunos conteúdo educacional acessível e de alta qualidade. A plataforma utiliza algoritmos de IA para sugerir materiais de aprendizagem com base nos níveis de proficiência e preferências de aprendizagem do estudante, tornando a educação mais envolvente e eficaz.

Apesar dos desafios, esses exemplos mostram o potencial da IA de aprimorar a educação nessas regiões. No entanto, a incorporação bem-sucedida da IA nesses contextos requer esforços contínuos para lidar com obstáculos infraestruturais, financeiros e sociais.

A IA, conforme evolui, oferece possibilidades promissoras para criar ambientes de aprendizagem acessíveis, personalizados e eficazes, independentemente do nível de desenvolvimento do país.

a medida em que a Inteligência Artificial abre caminho no campo da educação, ela oferece uma transformação sem precedentes nos modelos convencionais de aprendizagem. Além do papel de um mero facilitador, a IA, como o ChatGPT, surgiu como um aliado empoderador na educação, oferecendo novos caminhos que se alinham com os distintos estilos de aprendizagem, preferências e objetivos de cada aluno.

Uma vantagem significativa da IA é sua capacidade de incentivar

# 5
## GERANDO NOVAS POSSIBILIDADES PARA ESTUDANTES COM A INTELIGÊNCIA ARTIFICIAL

No aprendizado independente. Ela possibilita um ambiente seguro e tranquilo para os alunos explorarem os tópicos em seu próprio ritmo. Eles fazem perguntas sem medo de julgamento, e a IA dá explicações pacientemente, independentemente do número de vezes que o aluno faça a mesma pergunta. Promove um ambiente de aprendizado estimulante em que a curiosidade é recompensada, não penalizada ou limitada, em razão do tempo de aula e do número de estudantes na classe.

Por exemplo, um aluno que sente vergonha de fazer perguntas em sala de aula, em razão de timidez, autismo ou qualquer outra dificuldade de comunicação social, esclarece suas dúvidas e pode melhorar seu entendimento sem qualquer apreensão. Cria-se um espaço de aprendizado que reforça sua confiança e promove seu crescimento intelectual.

A integração da IA na educação oferece inúmeras possibilidades interessantes. Desde nutrir alunos independentes, até promover a aprendizagem ao longo da vida e a educação inclusiva, a IA melhora significativamente o cenário de aprendizagem. No entanto, à medida que aproveitamos esses potenciais, devemos estar atentos aos desafios associados e nos esforçar para garantir que a implementação da IA na educação seja equitativa, eficiente e ética.

## *Lifelong Learning*

A IA abre oportunidades de aprendizagem ao longo da vida, ou *lifelong learning*. A aprendizagem não se limita às salas de aula ou aos sistemas de educação formal; é um processo contínuo. A IA oferece enriquecimento de conhecimento personalizado ao longo da vida de uma pessoa, após ela perder o vínculo formal com a instituição de ensino.

A beleza da IA está em sua adaptabilidade inerente. Ela acomoda vários contextos, objetivos e domínios de aprendizagem, tornando-se um aliado adequado para alunos em diferentes fases da vida e com objetivos de aprendizagem diversos.

Considere o caso de uma pessoa de 60 anos que nutre um profundo fascínio por idiomas. Depois de uma carreira gratificante, ela decide aprender espanhol, um idioma que sempre admirou. No paradigma educacional tradicional, essa pessoa enfrenta desafios. Os sistemas de educação formal não oferecem a flexibilidade de que ela precisa, e os materiais de estudo autoguiados carecem de personalização.

A experiência com a IA se inicia de modo informal, até que o aluno tenha alguma confiança para buscar uma escola de idiomas ou um professor particular, e então formal, na escola. É na escola que a IA entra em jogo. Uma ferramenta como o ChatGPT promove uma experiência educacional adaptada às suas necessidades específicas. Ele oferece aulas de idiomas modificadas de acordo com seu ritmo, com sua proficiência no idioma e seu estilo de aprendizado. A pessoa aprende no horário que mais lhe convier, pode repetir as aulas sem restrições e até se aprofundar em diversos tópicos da cultura, da história ou da literatura espanhola como parte de sua jornada de aprendizado.

Além do aprendizado de idiomas, a IA atende a outras áreas de interesse. Suponha que essa pessoa do nosso exemplo deseje entender as tecnologias modernas, aprimorar seus conhecimentos financeiros ou até mesmo mergulhar na história da arte. A IA fornece recursos, simula discussões, responde a perguntas e pode até avaliar o progresso de aprendizado em todos esses domínios.

E, mais importante, a IA permite *feedback* e correções instantâneas, o que é um aspecto do aprendizado. Ela analisa as entradas ou dados fornecidos pela pessoa, aponta erros e fornece correções e recomendações apropriadas. Por exemplo, se ela estiver praticando conversação em espanhol, a IA corrige sua gramática, sua pronúncia ou sugere um vocabulário melhor. Esse nível de interação e *feedback* melhora imensamente a experiência de aprendizado e aumenta o entusiasmo.

Alunos de todas as idades, desde crianças pequenas explorando o mundo do conhecimento, até alunos idosos, são beneficiados pela IA, demonstrando que nunca é tarde para aprender. Por meio de experiências de aprendizagem personalizadas, flexíveis e acessíveis, a IA está pronta para revolucionar a aprendizagem ao longo da vida. Ao reconhecer seu potencial e empregá-lo com sabedoria, podemos pavimentar o caminho para uma sociedade em que aprender não seja uma tarefa árdua, mas uma jornada agradável e gratificante que dura toda a vida.

**Rumo a um ambiente de aprendizagem verdadeiramente inclusivo**

A paisagem contemporânea de aprendizagem não se limita à exploração solitária. Estende-se a ambientes de aprendizagem colaborativa, em que os colegas se reúnem para resolver problemas, criar projetos e aprender uns com os outros. A IA tem um potencial fascinante para nutrir esses espaços colaborativos e promover a inovação.

Uma das características marcantes da IA é sua capacidade de estimular o pensamento criativo. Ela faz isso gerando diversas ideias, promovendo discussões e facilitando sessões de *brainstorming*. Imagine um grupo de estudantes trabalhando em um projeto para tratar de questões ambientais. Eles aproveitam a IA para explorar novas soluções, encontrar exemplos inspiradores, gerar ideias de projetos exclusivas e até mesmo redigir seu relatório final. A ferramenta facilita o *brainstorming*, fornecendo uma variedade de ideias, desde iniciativas de reciclagem até campanhas de redução de resíduos e sugestões para implementá-las de forma eficaz.

A IA não se limita a fornecer ideias. Ela coleta informações sobre o tópico de vários recursos, aprimorando, assim, sua pesquisa. Ela colabora com informações sobre iniciativas semelhantes em todo o mundo, oferecendo aos alunos uma perspectiva mais ampla e uma chance de aprender com os sucessos e fracassos dos outros. Com esses *insights*, estudantes e professores adaptam sua estratégia, para que seja mais eficaz e adequada ao ambiente escolar.

À medida que progridem com o projeto, a IA continua a desempenhar um papel ativo. Isso ajuda os estudantes a organizar seu trabalho, rascunhar apresentações e até mesmo simular possíveis cenários de perguntas e respostas para a defesa do projeto. A IA serve não apenas como um catalisador para seu projeto, mas é como um membro da equipe que contribui para seus esforços colaborativos.

A aplicação da IA na aprendizagem colaborativa não se restringe ao trabalho de projeto. Também facilita discussões entre pares, grupos de estudo e comunidades virtuais de aprendizagem. Desde a geração de *prompts* de discussão até a moderação de debates, desde a oferta de explicações até o fornecimento de *feedback*, a IA enriquece essas experiências colaborativas.

Ao integrar a IA ao aprendizado em grupo, podemos garantir um ambiente de aprendizado dinâmico e interativo, que nutre a criatividade, incentiva a inovação e incute habilidades colaborativas nos alunos. O futuro da aprendizagem em grupo está cheio de possibilidades, com a IA aguardando nossa iniciativa para fazermos o melhor uso dela.

# 6
# CRIATIVIDADE
## DIDÁTICA

A criatividade didática é essencial para tornar as aulas mais interessantes, envolventes e significativas para os estudantes. Ao incorporar a IA na prática pedagógica, os professores têm a oportunidade de explorar novas abordagens e estratégias de ensino que estimulem a criatividade dos estudantes.

**Geração de histórias colaborativas:** a IA é usada como ferramenta para promover a criação colaborativa de histórias. Estudantes iniciam uma história e interagem com a IA para adicionar elementos, desenvolver personagens e avançar na trama. Por exemplo, em uma aula de Língua Portuguesa, os estudantes podem utilizar a IA para criar uma história em grupo, cada um contribuindo com ideias e interagindo com o modelo para adicionar detalhes à narrativa.

**Criação de personagens fictícios:** a IA é utilizada como ferramenta para a criação de personagens em disciplinas como Literatura, História ou

Artes. Os estudantes interagem com a IA para desenvolver características, personalidades e histórias para seus personagens. Essa atividade permite explorar a criatividade dos estudantes, incentivando-os a pensar em detalhes específicos, como aparência, habilidades e motivações dos personagens.

**Resolução de problemas complexos:** a IA é usada como ferramenta para desafiar os estudantes a resolver problemas complexos em disciplinas como Matemática, Ciências ou Filosofia. Os estudantes interagem com a IA para obter dicas, *insights* e orientações na resolução de problemas desafiadores. Essa abordagem estimula o pensamento crítico, a criatividade e a busca por soluções inovadoras.

**Exploração de temas controversos:** por fim, a IA é utilizada como ferramenta para explorar temas controversos e promover discussões reflexivas em disciplinas como Ética, Sociologia ou Ciências Sociais. Os estudantes interagem com a IA para obter diferentes perspectivas sobre o tema, explorar argumentos e desenvolver habilidades de debate. Essa abordagem estimula o pensamento crítico, a análise de múltiplas perspectivas e o desenvolvimento de habilidades argumentativas.

**QUADRO 4. Abordagens criativas e exemplos práticos para a aula**

| Abordagem criativa | Exemplos práticos |
| --- | --- |
| Geração de histórias colaborativas | Em Língua Portuguesa, estudantes utilizam a IA para criar uma história em grupo, cada um contribuindo com ideias e interagindo com o modelo para adicionar detalhes à narrativa. |
| Criação de personagens fictícios | Em História, estudantes utilizam a IA para criar personagens fictícios que vivenciaram eventos históricos importantes, dando vida às narrativas e facilitando a compreensão dos acontecimentos históricos. |
| Resolução de problemas complexos | Em Matemática, estudantes utilizam a IA para explorar diferentes estratégias de resolução de um problema complexo, recebendo orientações personalizadas do modelo. |

| | |
|---|---|
| Exploração de temas controversos | Em Sociologia, estudantes utilizam a IA para explorar diferentes pontos de vista sobre um tema polêmico, ampliando sua compreensão e seu engajamento com o assunto. |

Utilize as ferramentas para realizar sessões de *brainstorming*, em que os alunos possam fazer perguntas abertas e explorar diferentes perspectivas e possibilidades.

Incentive-os a anotar e discutir as respostas geradas pela IA como fonte de inspiração para a criação de projetos, debates ou atividades interativas. Desafie os alunos a fazer à IA perguntas inusuais ou fora do comum, buscando respostas inesperadas, que levem a abordagens criativas para os temas em estudo.

Estimule-os a explorar as respostas geradas pela IA como ponto de partida para desenvolver soluções originais e criativas. Incentive os estudantes a realizar projetos de pesquisa e exploração, nos quais possam usar a IA como uma fonte de informações adicionais e inspiração. Estimule-os a experimentar e testar diferentes abordagens, considerando as respostas geradas pela IA em seus processos de investigação.

# 7
# A QUESTÃO DIDÁTICA
## NO ENSINO A DISTÂNCIA (EAD)

No contexto do Ensino a Distância (EAD), a utilização da Inteligência Artificial desempenha um papel significativo na promoção da interação entre alunos e professores, facilitando a aprendizagem autônoma e estimulando a participação ativa dos estudantes. Aqui abordaremos a aplicação da IA na sala de aula on-line, a integração desse recurso com metodologias ativas e a importância de sua assimilação pelo Ambiente Virtual de Aprendizagem (AVA).

A aplicação da IA na sala de aula on-line é benéfica e significativa para os estudantes, permitindo a interação em tempo real e o acesso a informações relevantes de maneira rápida e eficiente. Exploraremos alguns exemplos práticos de como a IA é utilizada nesse caso.

**Resolução de dúvidas:** estudantes utilizam a IA para obter respostas rápidas e precisas para suas dúvidas relacionadas ao conteúdo estudado.

Por exemplo, em um curso de Matemática on-line, um aluno digita uma equação complexa na IA e recebe uma explicação detalhada do passo a passo para resolvê-la.

**Discussões e debates:** a IA é empregada como um facilitador para discussões e debates virtuais. Os estudantes apresentam argumentos, fazem perguntas e recebem respostas geradas pela IA, estimulando a participação ativa e o intercâmbio de ideias. Por exemplo, em um curso de Ciências Sociais on-line, os estudantes discutem tópicos, como política, economia e sociedade, obtendo *insights* adicionais por meio da IA.

**Suporte na realização de tarefas:** a IA é utilizada para oferecer suporte adicional para os estudantes durante a realização de tarefas e projetos. Por exemplo, em um curso de redação on-line, os estudantes enviam seus textos para a IA, que fornecerá sugestões de aprimoramento, de estilo de escrita e correção gramatical.

*Feedback* **personalizado:** os professores utilizam a IA como ferramenta para dar *feedback* personalizado para os estudantes. Por exemplo, em um curso de língua estrangeira on-line, os alunos enviam suas gravações para a IA, que as analisará e fornecerá orientações específicas para melhorar a pronúncia e a entonação.

**Exploração de conceitos complexos:** a IA auxilia os estudantes na compreensão de conceitos complexos por meio de explicações detalhadas e exemplos práticos. Por exemplo, em um curso de Física on-line, os alunos enviam perguntas relacionadas a leis e teorias fundamentais, e a IA possibilita explicações claras e detalhadas para auxiliar na compreensão desses conceitos.

## Metodologias ativas com utilização da Inteligência Artificial no EAD

A integração da Inteligência Artificial com metodologias ativas no EAD oferece diversas possibilidades de enriquecer o processo de ensino e aprendizagem. Algumas metodologias que se beneficiam do uso da IA incluem exemplos como os do quadro a seguir.

## QUADRO 5. Principais metodologias no EAD e exemplos práticos

| Metodologias no EAD | Exemplo prático do uso da IA em aula |
|---|---|
| Aprendizagem baseada em projetos | Os estudantes recebem um texto-base com um projeto desafiador para realizar de forma autônoma. Utilizando a IA, eles fazem perguntas sobre o projeto, solicitam orientações adicionais e obtêm suporte durante o processo de desenvolvimento no fórum da disciplina. |
| Aprendizagem autônoma | Os estudantes assistem a vídeos explicativos relacionados ao conteúdo. Utilizando a IA, eles fazem perguntas para esclarecer dúvidas conceituais e aprofundam seu entendimento compartilhando seus achados numa página *wiki*. |
| Fóruns de discussão on-line | Os estudantes participam de fóruns on-line, em que trocam ideias, compartilham dúvidas e discutem temas relacionados à disciplina. A IA é usada para mediar as discussões, oferecendo respostas automáticas com base nas perguntas e interações dos estudantes. |
| *Chatbot* de tutoria virtual | Os estudantes têm acesso a um tutor virtual, que utiliza a IA para oferecer suporte individualizado. Os estudantes enviam perguntas comuns sobre o conteúdo da apostila, recebem explicações adicionais e obtêm orientações personalizadas. Dessa forma, o tutor humano recebe apenas as dúvidas mais complexas. |
| Gamificação | Os estudantes participam de atividades de gamificação relacionadas ao conteúdo da apostila. Utilizando a IA, eles recebem instruções, respondem a desafios e recebem *feedbacks* interativos, tornando o processo de aprendizagem mais dinâmico e envolvente. É importante considerar uma validação do desempenho para gerar competitividade, como insígnias ou distintivos. |

## Estimulando a criatividade no EAD

Uma das possibilidades de aplicação da IA no EAD é por meio da geração de histórias colaborativas. Estudantes recorrem à IA para criar histórias em grupo, cada um contribuindo com ideias e interagindo com o modelo para adicionar detalhes à narrativa. Essa abordagem não apenas desenvolve as habilidades narrativas dos estudantes, como promove a colaboração e a imaginação, ampliando sua criatividade e seu senso de trabalho em equipe.

Outra forma de explorar a criatividade dos estudantes é por meio da criação de personagens fictícios, conforme vimos anteriormente. Essa atividade estimula a criatividade dos estudantes, ao pensarem em detalhes específicos, e enriquece o entendimento das temáticas abordadas.

A IA é aplicada como ferramenta para desafiar os alunos na resolução de problemas complexos. Nas disciplinas de Matemática, Ciências ou Filosofia, os estudantes interagem com a IA para obter dicas, *insights* e orientações na resolução de problemas desafiadores, como também já vimos.

A IA é uma ferramenta valiosa para a exploração de temas controversos e para a promoção de discussões reflexivas. Nas disciplinas de Ética, Sociologia ou Ciências Sociais, os estudantes interagem com a IA para obter diferentes perspectivas sobre um tema, explorar argumentos e desenvolver habilidades de debate – o que abordamos anteriormente.

## Integrando a Inteligência Artificial ao ambiente virtual de aprendizagem

A integração adequada da Inteligência Artificial ao AVA é fundamental para aproveitar ao máximo seu potencial no EAD. É importante que a IA seja incorporada de forma intuitiva e acessível para os estudantes, garantindo que eles possam utilizá-la facilmente, a fim de interagir e obter suporte no processo de aprendizagem.

A integração da IA no AVA permite o monitoramento e o registro das interações dos estudantes, auxiliando os professores a identificar pontos de dificuldade e oferecer um *feedback* mais personalizado.

No contexto do Brasil, existem diversos ambientes de aprendizagem utilizados nas instituições de ensino, cada um com suas características e funcionalidades. Vamos explorar alguns dos principais AVAs brasileiros e como a IA seria integrada a eles.

**Moodle (2023):** o Moodle é um dos ambientes virtuais de aprendizagem mais populares no Brasil. Ele permite a criação de cursos on-line, disponibilização de materiais didáticos, atividades e fóruns de discussão. A integração da IA no Moodle é feita por meio da criação de um *plugin* ou da utilização de um bloco de chat personalizado. Os estudantes interagem com a IA diretamente no ambiente, realizando perguntas, obtendo respostas e recebendo orientações.

**Blackboard (Bradford *et al.*, 2007):** o Blackboard é outro AVA amplamente utilizado no ensino superior brasileiro. Ele oferece recursos, como disponibilização de conteúdo, atividades, ferramentas de comunicação e colaboração. A integração da IA no Blackboard existe por meio da inserção de um *Widget* personalizado, permitindo que os estudantes acessem a IA diretamente na plataforma. Isso facilita a interação e o suporte aos estudantes durante suas atividades de estudo.

**Google Classroom (Yeskel, 2014):** o Google Classroom é uma plataforma de aprendizagem on-line que permite criar turmas virtuais, compartilhamento de materiais, atribuição de tarefas e realização de atividades colaborativas. A integração da IA no Google Classroom existe por meio da incorporação de um link para a IA nas postagens ou na seção de recursos. Estudantes acessam a IA facilmente, para esclarecer dúvidas, obter *feedback* e receber orientações personalizadas.

# 8
# EFICIÊNCIA
## NA GESTÃO ESCOLAR E PEDAGÓGICA

A Inteligência Artificial tem profundas implicações em diversos setores da gestão escolar e pedagógica, tradicionalmente considerada uma tarefa trabalhosa e complexa. Aqui vamos explorar como a IA, especialmente com ferramentas como o ChatGPT, redefiniu a eficiência na gestão escolar e nas práticas pedagógicas.

Embora os benefícios da IA na gestão escolar e pedagógica sejam convincentes, uma implementação eficaz requer considerações cuidadosas. Em primeiro lugar, é vital garantir que a tecnologia seja usada de forma ética e responsável. Isso envolve estar ciente de possíveis vieses nos algoritmos de IA, garantir a privacidade dos dados e promover uma cultura de transparência e responsabilidade.

Em segundo lugar, forneça treinamento e suporte adequados para a equipe. Os professores e administradores devem se sentir confortáveis ao usar a tecnologia e entender como ela aprimora seu trabalho, em vez de substituí-los. O elemento humano é insubstituível na educação, e a IA deve ser vista como uma ferramenta para aumentar as capacidades humanas, não substituí-las.

É importante envolver todos os agentes no processo, inclusive alunos e membros da comunidade escolar. Isso ajudará a garantir que a tecnologia seja usada de maneira que atenda melhor às necessidades e interesses de todos.

**A revolução da Inteligência Artificial na gestão escolar**

A gestão escolar é uma operação multifacetada, que engloba uma vasta gama de responsabilidades. Atividades administrativas de rotina, como agendar reuniões, registrar a presença dos alunos, gerenciar escalas de funcionários e acompanhar dados de desempenho, são combinadas com tarefas estratégicas, como planejamento de longo prazo, alocação de recursos e formulação abrangente de políticas. A execução dessas tarefas impacta significativamente o desempenho geral de uma escola e, consequentemente, os resultados de aprendizagem dos alunos.

As tecnologias de IA trazem um potencial transformador para simplificar, otimizar e aprimorar essas tarefas multifacetadas. A introdução da IA nas tarefas administrativas cotidianas das escolas significa um sistema que gera automaticamente horários com base em critérios predefinidos, reduzindo conflitos e otimizando a utilização de recursos. O registro de dados é revolucionado pela precisão da IA, garantindo a exatidão dos dados e sua atualização rápida. Essa automação não apenas minimiza erros manuais, como libera tempo valioso para a equipe se dedicar a tarefas mais estratégicas.

Os algoritmos de IA extraem *insights* acionáveis da análise de dados. Isso significa que as ferramentas de IA levam os administradores escolares a identificar tendências significativas no desempenho acadêmico ou no comportamento dos alunos. Elas preveem cenários, como o crescimento da matrícula escolar ou requisitos potenciais de recursos com base em tendências de dados passados e atuais. Essa capacidade permite que a gestão tome decisões com base em evidências, aprimorando a eficácia de suas iniciativas estratégicas.

O ChatGPT se destaca por suas aplicações promissoras no âmbito da gestão escolar. Em um nível prático, considere um cenário em que um administrador escolar precisa redigir várias comunicações diariamente, como boletins, e-mails ou relatórios. O ChatGPT sugere ajuda na redação e até mesmo automatiza comunicações rotineiras, economizando tempo e esforço.

Além de redigir comunicações, o ChatGPT é uma ferramenta interativa para a formulação de políticas, fornecendo *insights* com base em uma extensa análise de dados. Por exemplo, se a gestão escolar está considerando a implementação de uma nova política de presença, o ChatGPT recomenda providências com base na análise de registros de presença passados e projeta seu impacto no desempenho acadêmico. Ele facilita discussões em grupo, mantendo a conversa focada, resumindo pontos-chave e identificando diferentes pontos de vista.

É imenso o potencial transformador das ferramentas de IA, como o ChatGPT, no domínio da gestão escolar. Ao navegar de forma responsável e criativa em sua aplicação, a gestão escolar aproveita esse poder. Essa mudança de paradigma nas operações escolares aprimora significativamente os resultados educacionais que buscam alcançar.

**Transformando a gestão pedagógica com a Inteligência Artificial**

A essência do processo educacional reside na gestão pedagógica, um processo complexo que envolve o design, a implementação e a avaliação de estratégias de ensino e aprendizagem. Para os educadores que buscam continuamente promover um ambiente de aprendizagem eficaz, o surgimento da IA traz um potencial transformador para o campo.

No centro dessa transformação está o papel de modelos avançados de IA, como o ChatGPT. Com suas capacidades avançadas de processamento de linguagem natural, ele permite a reimaginação do processo pedagógico de maneiras antes inalcançáveis.

Nos capítulos anteriores, você mergulhou em informações e dicas importantes de como transformar a pedagogia e a andragogia com a Inteligência Artificial. As oportunidades para estratégias pedagógicas inovadoras com o ChatGPT são vastas. A integração da IA na gestão pedagógica marca uma nova era na educação, introduzindo ferramentas que aumentam significativamente a eficiência do ensino e os resultados de aprendizagem. Ao aproveitar o poder da IA na sala de aula e além, abrimos caminho para uma experiência de aprendizado enriquecedora e envolvente, transformando o cenário da educação.

# 9
## OS DESAFIOS DA IMPLEMENTAÇÃO DA INTELIGÊNCIA ARTIFICIAL NA EDUCAÇÃO

Estamos no limiar de uma nova era na tecnologia educacional, a qual nos oferece tanto promessas quanto desafios. A implementação da Inteligência Artificial é uma dessas inovações revolucionárias que, apesar de seu potencial de transformar a educação, ainda apresenta obstáculos que devem ser cuidadosamente superados.

A IA está se tornando cada vez mais popular no setor educacional, com o potencial de otimizar a maneira como os alunos aprendem e como os professores ensinam. No entanto, existem alguns desafios que precisam ser enfrentados antes que a IA seja implementada com sucesso na educação. Isso inclui questões como escalabilidade.

Há uma grande variedade de sistemas educacionais em todo o mundo, o que diminui a eficácia dos modelos de IA em todos os países. Alguns sistemas de educação estão mais focados apenas em habilidades de alto nível, enquanto outros priorizam habilidades mais comuns ou generalistas. Existem muitos tipos de escolas, incluindo universidades, faculdades e escolas técnicas, públicas e privadas, com diferentes taxas de sucesso, pois os alunos aprendem em ritmos diferentes, dependendo de suas habilidades e preferências pessoais. Essas diferenças culturais e institucionais diminuem a precisão dos modelos de IA quando adotados de forma padronizada.

Para que a IA realize o trabalho mais importante, é necessário ter um bom conjunto de dados. Se não houver um conjunto de dados adequado, os algoritmos de IA não aprendem o que precisam saber sobre os alunos, professores e modelos de ensino utilizados na instituição.

E, apesar da crença de alguns de que a IA irá substituir completamente os humanos, a realidade na educação é que a IA é vista principalmente como um meio de melhorar e complementar o trabalho dos professores, e não de substituí-los. Os desafios de escalabilidade e a necessidade de adaptação aos diferentes campos de estudo ressaltam essa realidade.

A equidade e o acesso são essenciais na incorporação eficaz da Inteligência Artificial na educação. Como bem sabemos, a distribuição de recursos varia dramaticamente entre as escolas. Algumas, localizadas em áreas mais nobres, fornecem a cada aluno acesso a um laptop e à internet de alta velocidade. Em contraste, escolas em regiões menos favorecidas se deparam com infraestruturas de TI subfinanciadas e sistemas de computador obsoletos. Essa discrepância resulta em uma divisão digital que limita a implementação da aprendizagem baseada em IA em ambientes menos favorecidos.

Para diminuir essa desigualdade, precisamos implementar políticas e iniciativas inovadoras que garantam a disponibilidade de recursos adequados em todas as escolas. Isso é alcançado por meio de programas de concessão de tecnologia, financiados pelo governo ou por parcerias com empresas de tecnologia.

Esses programas de concessão fornecem às escolas os recursos necessários para atualizar suas infraestruturas de TI. Por exemplo, uma escola em um bairro menos favorecido recebe um subsídio para a compra de novos computadores ou para a melhoria da conexão de internet. As parcerias com empresas de tecnologia são essenciais. Estas doam equipamentos, oferecem suporte técnico ou ajudam a capacitar professores e alunos para usar as novas ferramentas tecnológicas.

Atualmente, a tendência de ESG (do inglês "Environmental, Social and Governance" – ambiental, social e governança) ganha bastante espaço em face das necessidades de todos na busca pela melhoria social, ambiental e corporativa. Dentro desse contexto, a questão social do ESG é especialmente relevante. As empresas adotam práticas ESG ao apoiar a educação, ajudando a diminuir a lacuna digital e contribuindo para uma sociedade mais justa e inclusiva. Elas doam, por exemplo, equipamentos tecnológicos para escolas situadas em comunidades em risco social, ou até mesmo desenvolvem programas de formação em tecnologia para professores e alunos. Ao fazer isso, essas empresas não só cumprirão suas responsabilidades sociais, como investirão no futuro, formando a próxima geração de profissionais capacitados e digitalmente competentes.

O envolvimento de empresas na educação abre caminhos para parcerias mais amplas. Elas trabalham em colaboração com escolas e governos para desenvolver currículos que preparem os alunos para as demandas do século XXI, fornecendo-lhes as habilidades digitais e técnicas de que precisarão no mercado de trabalho. Dessa forma, há uma real contribuição do setor no preparo de futuros potenciais funcionários, favorecendo o recurso humano existente.

No final das contas, a questão não é apenas garantir que todas as escolas tenham acesso a ferramentas de IA, mas assegurar que alunos e professores estejam capacitados para aproveitá-las ao máximo. Com políticas eficazes, iniciativas inovadoras e o compromisso de empresas socialmente responsáveis, podemos fazer uma diferença significativa e abrir um mundo de oportunidades para todos os alunos, independentemente de onde estejam. A Organização das Nações Unidas para a Educação, a Ciência e a Cultura – Unesco[1] está ajudando os países a usar a tecnologia de IA para melhorar a educação. Ela está se concentrando em tornar a educação mais inclusiva e justa. Para isso, criou um guia para auxiliar os responsáveis pela criação de políticas educacionais a entenderem como usar a IA. A Unesco acredita que a IA deve ser usada para melhorar as habilidades das pessoas e proteger seus direitos, amparando a criação de um trabalho conjunto entre humanos e máquinas.

---

1 https://www.unesco.org/en/digital-education/artificial-intelligence.

Outro desafio a ser considerado é o treinamento e o apoio aos professores.

A integração efetiva da IA na educação exige que os professores não estejam apenas familiarizados com a forma de operar a tecnologia, mas que também saibam como incorporá-la de forma significativa em suas estratégias pedagógicas. Imagine um professor de Ciências, por exemplo, que teve acesso a uma ferramenta de IA que simula reações químicas complexas. Sem treinamento adequado, o educador terá dificuldades para integrar essa ferramenta ao currículo de uma forma que realmente aprimore a experiência de aprendizado.

Para resolver isso, são necessários programas de treinamento abrangentes e suporte contínuo. Os professores devem receber um treinamento que abranja não apenas os aspectos técnicos das ferramentas de IA, mas que ofereça orientações pedagógicas sobre como incorporar essas ferramentas em seu ensino. A instituição deve organizar uma série de workshops de desenvolvimento profissional em que os professores aprendam sobre tecnologias de IA, compartilhem ideias e estratégias e obtenham experiência prática com as ferramentas. O suporte contínuo deve ser fornecido, como uma equipe de TI dedicada que ajude a solucionar problemas e forneça assistência técnica conforme necessário.

Esses desafios, embora sejam reais e significativos, não são intransponíveis. Ao reconhecê-los e abordá-los de maneira proativa, podemos utilizar o poder da Inteligência Artificial para aprimorar a educação de uma maneira que seja acessível e benéfica para todos os alunos e professores. O futuro da educação é empolgante, e, ao planejá-la e implementá-la com cuidado, podemos garantir que a IA desempenhe um papel transformador na formação desse futuro.

# 10

# ROTEIROS, EXEMPLOS PRÁTICOS E MODELOS

Agora exploro os aspectos práticos da integração da IA na sala de aula e nos estudos. Este guia abrangente oferece recursos projetados para capacitar educadores e estudantes na navegação pelo mundo multifacetado da IA na educação.

Dos roteiros que delineiam os procedimentos passo a passo para integrar a IA aos métodos de ensino, aos exemplos práticos que demonstram esses roteiros em ação e aos modelos que fornecem uma base sólida para a personalização, esta seção serve como um mapa ilustrando a versatilidade da IA e seu potencial transformador em diversos ambientes educacionais.

O uso da IA vai além do mero conhecimento de suas capacidades. A experiência prática é fundamental para compreender suas nuances, e é exatamente isso que me proponho a oferecer aqui. Leia esta seção com flexibilidade em mente, com vistas a adaptar-se a diferentes requisitos curriculares e necessidades dos alunos e professores. Esses exemplos servem como um espelho que reflete como seria uma sala de aula capacitada pela tecnologia, desmistificando a IA e instilando confiança nos educadores e alunos para integrá-la em sua prática.

Por fim, são modelos que funcionam como uma tela em branco, para você traçar seu caminho único. Eles são elaborados para orientar sua jornada, mas não prescrever, permitindo ampla margem para personalização, de acordo com seus objetivos e contexto específicos.

## Estudo de caso: utilizando o modelo de linguagem baseado em Inteligência Artificial para estimular a criatividade e a escrita na sala de aula

### Introdução

Na Escola Primária Sunshine, localizada em uma pequena cidade, a professora de Língua Portuguesa, senhora Silva, decidiu explorar o potencial da Inteligência Artificial para estimular a criatividade e o desenvolvimento das habilidades de escrita de estudantes do 5º ano. Visando tornar as aulas mais interativas e engajadoras, ela incorporou o uso da IA como uma ferramenta complementar às atividades de escrita tradicionais.

### Desafio

O desafio era encontrar uma maneira de envolver os estudantes no processo de escrita de forma lúdica e interessante, promovendo a criatividade e incentivando a expressão de ideias livremente. A senhora Silva acreditava que o uso da IA forneceria um estímulo adicional e ajudaria os alunos a expandir sua criatividade na produção de textos.

### Implementação

Para introduzir a IA na sala de aula, a senhora Silva começou explicando para os estudantes como a ferramenta funcionava e quais eram suas possibilidades. Ela destacou que a IA seria uma fonte de inspiração e um recurso para obter sugestões de palavras, frases ou ideias durante o processo de escrita. Ela enfatizou a importância de utilizar a IA como uma ferramenta de suporte, de forma que os alunos mantivessem sempre a autoria e a originalidade em seus textos.

A senhora Silva propôs uma atividade em que os estudantes escreveriam histórias criativas, com a ajuda da IA, para expandir suas ideias e encontrar novas abordagens. Durante a atividade, os alunos puderam formular perguntas à IA, pedindo sugestões de personagens, cenários, conflitos e desfechos para suas histórias. A IA forneceu respostas rápidas, permitindo que os estudantes explorassem diferentes possibilidades e desenvolvessem sua criatividade literária.

**Resultados e benefícios**

A utilização da IA trouxe resultados positivos e estimulou o engajamento dos estudantes no processo de escrita. Eles se sentiram entusiasmados ao receber sugestões e ideias inovadoras da IA, que os ajudou a superar bloqueios criativos e expandir suas histórias. A ferramenta permitiu que os estudantes explorassem diferentes estilos literários e experimentassem novas formas de expressão.

A senhora Silva observou um aumento significativo na confiança e na capacidade de escrita dos estudantes ao longo do projeto. Eles se sentiram encorajados a expressar suas próprias ideias, combinando as sugestões da IA com sua imaginação. A IA promoveu discussões em sala de aula sobre a qualidade das sugestões fornecidas e sobre como elas seriam adaptadas e aprimoradas para atender às necessidades individuais de cada aluno.

**Conclusão**

O estudo de caso na Escola Primária Sunshine demonstrou como a IA pode ser aplicada com sucesso na sala de aula, estimulando a criatividade e a escrita dos estudantes. O uso da ferramenta como um recurso de apoio permitiu que os estudantes expandissem suas habilidades literárias, ao mesmo tempo que mantinham a autoria e a originalidade em seus textos. A senhora Silva e os estudantes destacaram a importância de equilibrar a tecnologia com o desenvolvimento das habilidades de escrita tradicionais, garantindo que os alunos se tornassem escritores confiantes e proficientes.

## Estudo de caso: aplicando o modelo de linguagem baseado em Inteligência Artificial para promover o aprendizado de Biologia no terceiro ano do ensino médio

### Introdução

No Colégio Vanguarda, um renomado colégio de ensino médio, o professor de Biologia, senhor Santos, decidiu explorar o uso da Inteligência Artificial como ferramenta complementar para promover o aprendizado de estudantes do terceiro ano. Ele viu na IA uma oportunidade de tornar as aulas mais dinâmicas, envolventes e acessíveis, permitindo que os estudantes explorassem conceitos de biologia de maneira interativa.

### Desafio

O desafio era encontrar uma maneira de ampliar o interesse dos estudantes pela disciplina e incentivar sua participação ativa na sala de aula. O senhor Santos acreditava que o uso da IA ofereceria uma abordagem inovadora para introduzir conceitos complexos, ao mesmo tempo que forneceria um suporte adicional para esclarecer dúvidas e fornecer informações relevantes para os alunos.

### Implementação

Para implementar a IA no contexto da biologia, o senhor Santos começou introduzindo o modelo para os estudantes, explicando como ele funcionava e quais eram suas capacidades. Ele destacou que a IA seria uma ferramenta de pesquisa e um meio de obter respostas rápidas a perguntas relacionadas aos conteúdos da matéria.

Durante as aulas, o senhor Santos incorporou atividades práticas que envolviam interações com a IA. Por exemplo, os alunos formulariam perguntas sobre diferentes sistemas do corpo humano, como o sistema nervoso ou o sistema cardiovascular, e receberiam respostas imediatas da IA. Eles explorariam conceitos de genética, ecologia e outros tópicos biológicos, buscando exemplos e informações complementares fornecidos pelo modelo.

### Resultados e benefícios

A utilização da IA trouxe resultados significativos para o aprendizado de biologia de estudantes do terceiro ano. Eles demonstraram maior interesse pela disciplina e maior engajamento nas atividades propostas. A possibilidade de obter respostas rápidas e precisas da IA facilitou o esclarecimento imediato de dúvidas e permitiu que os estudantes aprofundassem sua compreensão dos conceitos biológicos.

A IA serviu como uma fonte adicional de informações e exemplos práticos para ilustrar os conceitos abordados em sala de aula. Os estudantes puderam explorar estudos de caso, situações hipotéticas e exemplos concretos fornecidos pelo modelo, o que enriqueceu sua compreensão dos temas biológicos de forma interativa e envolvente.

O senhor Santos observou que os alunos se sentiram mais confiantes ao usar a IA como ferramenta de pesquisa e aprendizado. Eles desenvolveram habilidades de pesquisa, de formulação de perguntas e avaliação crítica das respostas fornecidas pelo modelo, o que contribuiu para o desenvolvimento de pensamento crítico e habilidades de aprendizagem autônoma.

## Estudo de caso: utilizando o modelo de linguagem baseado em Inteligência Artificial para aprimorar o ensino de Direito Civil na faculdade

### Introdução

Na renomada Faculdade de Direito da Universidade Progresso, a professora senhora Campos decidiu explorar o potencial da Inteligência Artificial como uma ferramenta complementar para enriquecer o ensino da disciplina Direito Civil, com foco na Constituição do Brasil. Ela reconheceu a necessidade de engajar os estudantes de forma mais interativa e dinâmica, oferecendo uma experiência de aprendizado mais abrangente e acessível.

### Desafio

O desafio era tornar o ensino de Direito Civil mais envolvente e prático, permitindo que os alunos explorassem conceitos constitucionais de maneira mais interativa. A senhora Campos constatou na IA uma oportunidade de fornecer para os estudantes um acesso rápido a informações relevantes, promover a compreensão dos princípios constitucionais e estimular o pensamento crítico.

**Implementação**

Para incorporar a IA ao ensino de Direito Civil, a senhora Campos apresentou o modelo para os estudantes e explicou como ele seria usado para pesquisa e exploração dos conceitos constitucionais. Ela enfatizou a importância de verificar as informações obtidas pela IA por meio de fontes jurídicas confiáveis.

Durante as aulas, a professora Campos utilizou a IA para complementar as discussões em sala de aula. Os estudantes eram encorajados a formular perguntas relacionadas a temas constitucionais, como direitos fundamentais, separação de poderes e garantias individuais. A IA fornecia respostas rápidas, permitindo que os estudantes aprofundassem sua compreensão dos tópicos em discussão.

A senhora Campos aproveitou as funcionalidades da IA para simular casos e discussões jurídicas. Os estudantes podiam interagir com o modelo, apresentando situações problemáticas e buscando orientações jurídicas com base nos princípios constitucionais. Essa abordagem prática ajudou a desenvolver habilidades de análise jurídica e de aplicação da legislação vigente.

**Resultados e benefícios**

A integração da IA no ensino de Direito Civil trouxe resultados positivos e benefícios significativos para os estudantes da faculdade. Eles demonstraram maior interesse e envolvimento nas aulas, tornando-se participantes ativos nas discussões jurídicas. A interação com a IA permitiu que os alunos explorassem diferentes perspectivas e abordagens legais, aprimorando sua compreensão da matéria.

A utilização da IA facilitou o acesso rápido a informações jurídicas relevantes. Os estudantes puderam obter respostas precisas do modelo, que os auxiliou na compreensão dos princípios constitucionais e no desenvolvimento de argumentos jurídicos fundamentados. A professora Campos incentivou os alunos a verificar as informações obtidas pela IA por meio de fontes jurídicas confiáveis, estimulando o pensamento crítico e a pesquisa independente.

**Conclusão**

A utilização da IA na disciplina Direito Civil, na Faculdade de Direito, mostrou-se uma abordagem inovadora e eficaz para enriquecer o ensino e promover o aprendizado dos estudantes. A interação com o modelo proporcionou uma experiência de aprendizado mais dinâmica e prática, permitindo que os alunos explorassem conceitos constitucionais de maneira interativa e desenvolvessem habilidades jurídicas essenciais. Com o apoio da senhora Campos, a IA se tornou uma ferramenta valiosa para o ensino de Direito Civil, capacitando os estudantes a se tornarem profissionais jurídicos bem-preparados.

**Roteiro de sessão de Aprendizagem Baseada em Problemas**

OBJETIVO

Compreender os princípios da energia renovável e suas diversas aplicações.

MATERIAIS

1. Dispositivos conectados à internet (laptop/desktop/tablet)
2. Livros de referência sobre energia renovável
3. Notas adesivas
4. Cartazes grandes
5. Marcadores coloridos
6. Ferramentas de colaboração on-line, como Google Docs, Google Slides ou qualquer outra plataforma preferida
7. Ferramentas de software para mapeamento mental (como Mindmeister, Lucidchart etc.)

ROTEIRO DA SESSÃO

A. **Introdução** (10 minutos)
   O facilitador apresenta o tema e define os objetivos de aprendizado.

B. **Declaração do problema** (15 minutos)
   O ChatGPT apresenta a declaração do problema utilizando o seguinte *prompt*: "Projetar uma solução de energia renovável para uma vila remota sem eletricidade".

C. **Pesquisa independente** (30 minutos)
   Os participantes pesquisam independentemente, usando a internet e livros. Eles são incentivados a consultar fontes confiáveis e fazer anotações em notas adesivas.

D. **Discussão em grupo e colaboração** (45 minutos)
Os participantes compartilham suas descobertas.
O ChatGPT auxilia fornecendo informações adicionais, respondendo a perguntas e verificando fatos, conforme necessário.

E. **Brainstorming da solução** (45 minutos)
Os participantes fazem um *brainstorming* de soluções, escrevendo cada ideia em uma nota adesiva.
O ChatGPT gera ideias, oferece sugestões ou perspectivas adicionais.

F. **Mapeamento mental** (1 hora)
Os participantes usam um software de mapeamento mental para organizar suas ideias.
Eles agrupam ideias semelhantes, ligando notas adesivas associadas.
Eles criam um fluxo de conceitos do problema para possíveis soluções.

G. **Desenvolvimento da solução** (1 hora)
Os participantes desenvolvem em detalhes a solução escolhida.
Eles fazem um plano detalhado, esboçando diagramas e escrevendo explicações em cartazes.

H. **Apresentação** (30 minutos)
Cada grupo apresenta sua solução.
O ChatGPT dá *feedback*, pode fazer perguntas críticas e sugerir melhorias.

I. **Reflexão** (20 minutos)
Os participantes refletem sobre o que aprenderam e discutem os próximos passos para sua solução.

Exemplo de mapa mental:

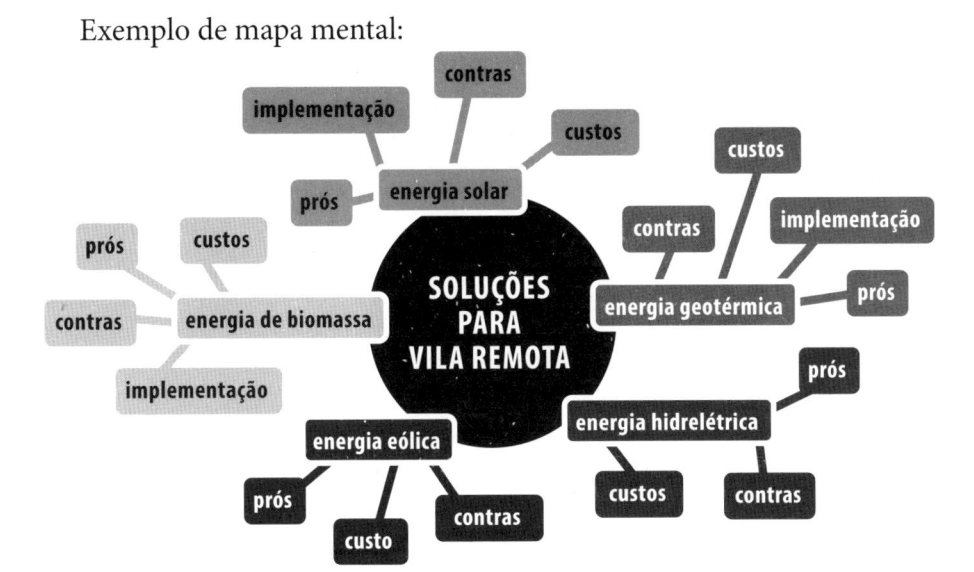

[Mapa mental com centro "SOLUÇÕES PARA VILA REMOTA" ramificando-se em: energia solar (implementação, contras, custos, prós); energia geotérmica (custos, contras, implementação, prós); energia hidrelétrica (prós, custos, contras); energia eólica (prós, custo, contras); energia de biomassa (prós, custos, contras, implementação).]

Esse mapa possibilita a organização das diferentes soluções potenciais, listando os prós e os contras de cada tipo de energia renovável e fornecendo espaço para detalhar custos e detalhes de implementação. Ele funciona como um guia visual para a resolução de problemas e o desenvolvimento de soluções.

**Roteiro de sessão de aprendizagem baseada em projetos**

OBJETIVO
Criar um livro de histórias e encenar uma peça baseada em *Alice no País das Maravilhas,* de Lewis Carroll (1832-1898).

MATERIAIS
1. Dispositivos conectados à internet (laptop/desktop/tablet)
2. O livro *Alice no País das Maravilhas*
3. Materiais de arte (lápis de cor, marcadores, aquarela etc.)
4. Papel e cartolina
5. Materiais para fantasias da peça (tecido, suprimentos de costura, materiais de artesanato)
6. Ferramentas de colaboração on-line, como Google Docs, Google Slides ou qualquer outra plataforma preferida
7. Ferramentas de software para mapeamento mental (como Mindmeister, Lucidchart etc.)

**ROTEIRO DA SESSÃO**

A. **Introdução** (10 minutos)
O facilitador apresenta o tema e define os objetivos de aprendizado.

B. **Explicação do projeto** (10 minutos)
O ChatGPT apresenta os detalhes do projeto: "Criar um livro de histórias e encenar uma peça baseada em *Alice no País das Maravilhas*".

C. **Leitura e discussão da história** (1 hora)
Os participantes leem a história juntos, discutem temas, personagens e eventos importantes.

D. **Criação do *storyboard*** (1 hora)
Os participantes esboçam as principais cenas para seu livro de histórias e para a peça.

E. **Mapeamento mental** (30 minutos)
Os participantes usam um software de mapeamento mental para organizar seus planos para o livro de histórias e para a peça.

F. **Criação do livro de histórias** (2 horas)
Os participantes criam seu livro de histórias, ilustrando e escrevendo cada cena.

G. **Preparação da peça** (2 horas)
Os participantes se preparam para a peça, fazendo fantasias e ensaiando as cenas.

H. **Apresentação e reflexão** (45 minutos)
Os participantes realizam sua peça, depois refletem sobre o que aprenderam durante o projeto.

Exemplo de um mapa mental:

[Mapa mental — PEÇA: ALICE NO PAÍS DAS MARAVILHAS]

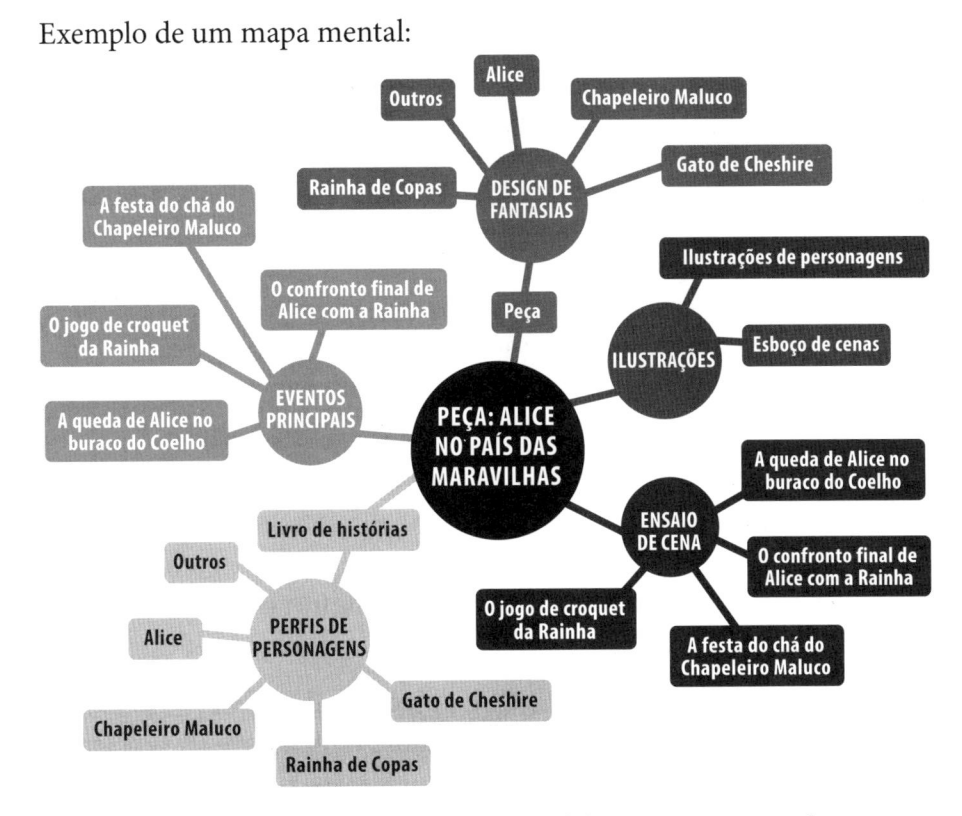

- **DESIGN DE FANTASIAS**: Alice; Outros; Chapeleiro Maluco; Gato de Cheshire; Rainha de Copas
- **EVENTOS PRINCIPAIS**: A festa do chá do Chapeleiro Maluco; O jogo de croquet da Rainha; O confronto final de Alice com a Rainha; A queda de Alice no buraco do Coelho
- **ILUSTRAÇÕES**: Ilustrações de personagens; Esboço de cenas
- **ENSAIO DE CENA**: A queda de Alice no buraco do Coelho; O confronto final de Alice com a Rainha; A festa do chá do Chapeleiro Maluco; O jogo de croquet da Rainha
- **PERFIS DE PERSONAGENS**: Livro de histórias; Outros; Alice; Chapeleiro Maluco; Gato de Cheshire; Rainha de Copas

O mapa mental ajuda a organizar os diferentes aspectos do projeto, atribuindo tarefas a diferentes membros da equipe e garantindo que cada elemento-chave da história seja abordado. Ele fornece um guia visual para o projeto e auxilia no progresso suave do aprendizado baseado em projeto.

**Roteiro de sessão de Sala de Aula Invertida (Flipped Classroom)**

**OBJETIVO**
Compreender os conceitos fundamentais da Física Quântica.

**MATERIAIS**
1. Dispositivos conectados à internet (laptop/desktop/tablet)
2. Livros didáticos de Física
3. Vídeos on-line e podcasts sobre Física Quântica
4. Ferramentas de colaboração on-line, como Google Docs, Google Slides ou qualquer outra plataforma preferida
5. Software para criação de *quiz* ou questionários (como Kahoot, Quizlet etc.)

ROTEIRO DA SESSÃO

A. **Antes da sessão:** estudo independente (o tempo varia de acordo com o ritmo de cada estudante)
   Os estudantes recebem recursos digitais (vídeos, podcasts, leituras) sobre Física Quântica para estudar de forma independente.
   Eles são incentivados a tomar notas e a preparar perguntas para a próxima sessão.

B. **Verificação de compreensão** (20 minutos)
   No início da sessão, o ChatGPT lança um *quiz* para verificar a compreensão dos alunos sobre o material estudado.

C. **Discussão e esclarecimento de dúvidas** (40 minutos)
   Os estudantes discutem os conceitos que estudaram, compartilhando seus entendimentos e fazendo perguntas.
   O ChatGPT auxilia esclarecendo dúvidas, fornecendo explicações adicionais e instigando a discussão com perguntas reflexivas.

D. **Atividade prática: resolução de problemas** (1 hora)
   Os estudantes, em pequenos grupos, trabalham em problemas práticos relacionados à Física Quântica. Essa atividade é voltada para a aplicação do que aprenderam.
   O ChatGPT está disponível para fornecer orientações e ajudar na resolução dos problemas.

E. **Apresentação de soluções e reflexão** (30 minutos)
   Cada grupo apresenta suas soluções, explicando como chegaram a elas.
   O ChatGPT dá *feedback* e ajuda a turma a refletir sobre o que foi aprendido durante a sessão.

Exemplo de um questionário:

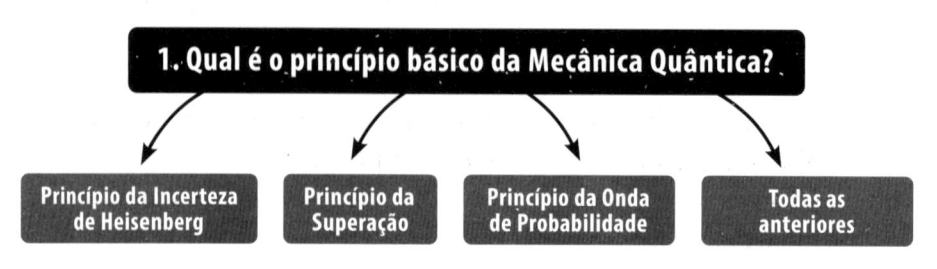

**1. Qual é o princípio básico da Mecânica Quântica?**
- Princípio da Incerteza de Heisenberg
- Princípio da Superação
- Princípio da Onda de Probabilidade
- Todas as anteriores

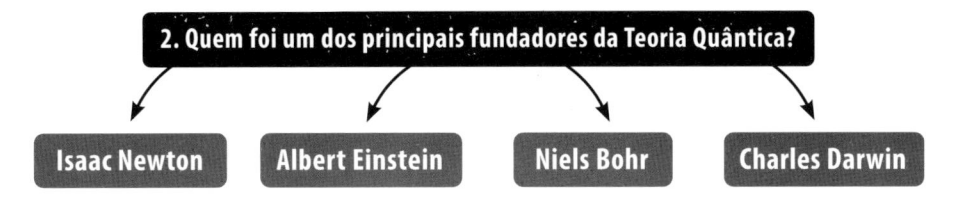

**2. Quem foi um dos principais fundadores da Teoria Quântica?**

- Isaac Newton
- Albert Einstein
- Niels Bohr
- Charles Darwin

A abordagem da sala de aula invertida facilita a autogestão do aprendizado pelos estudantes, permitindo que revisem e absorvam o conteúdo no seu próprio ritmo. Na sessão em si, eles têm a oportunidade de aplicar seus conhecimentos, resolver problemas e discutir dúvidas. O ChatGPT, como um assistente de Inteligência Artificial, apoia esse processo, fornecendo explicações adicionais, estimulando discussões e oferecendo *feedback*.

**Roteiro de sessão de Gamificação**

OBJETIVO
Aprender vocabulário em inglês por meio de um jogo interativo.

MATERIAIS
1. Dispositivos conectados à internet (laptop/desktop/tablet)
2. Software de gamificação (como Kahoot, Quizizz etc.)
3. Ferramentas de colaboração on-line, como Google Docs, Google Slides ou qualquer outra plataforma preferida
4. ChatGPT

ROTEIRO DA SESSÃO

1. **Introdução** (10 minutos)
   O facilitador introduz o tópico e explica as regras do jogo que será utilizado na sessão.

2. **Preparação do jogo** (5 minutos)
   Os estudantes são orientados a acessar o software de gamificação em seus dispositivos.

3. **Começo do jogo** (45 minutos)
   O ChatGPT lança uma série de perguntas de múltipla escolha no software de gamificação, cada uma delas com uma palavra em inglês e quatro possíveis traduções em português.

Os estudantes devem escolher a tradução correta o mais rápido possível, para ganhar mais pontos.

As respostas são reveladas após cada rodada e o ChatGPT dá *feedback*, explicando qualquer erro comum que os estudantes possam ter cometido.

4. **Revisão e reflexão** (30 minutos)

   Após o jogo, o ChatGPT revisa as palavras com os estudantes, garantindo que eles entendam o significado de cada uma.

   Os estudantes são incentivados a fazer perguntas e a discutir as palavras que consideraram mais desafiadoras.

**Exemplo de questionário:**

**Pergunta:** Qual é a tradução da palavra "apple" em português?

a) Maçã

b) Laranja

c) Banana

d) Pera

**Pergunta:** Qual é a tradução da palavra "book" em português?

a) Caderno

b) Caneta

c) Livro

d) Lápis

A gamificação torna o processo de aprendizado mais envolvente e divertido para os estudantes. Nesse exemplo, a utilização do ChatGPT e de um software de gamificação para ensinar vocabulário em inglês combina os benefícios da aprendizagem ativa com o envolvimento do jogo. As ferramentas de gamificação geralmente possuem uma variedade de opções para a criação de jogos, incluindo perguntas de múltipla escolha, correspondência, preenchimento de lacunas e muito mais, tornando-os flexíveis para uso em uma ampla variedade de cenários de aprendizado.

## Roteiro de sessão de Entrevista com Especialista

**OBJETIVO**

Realizar uma entrevista com um especialista no campo da botânica.

**MATERIAIS**

1. Dispositivos conectados à internet (laptop/desktop/tablet)
2. Lista de perguntas preparadas pelos participantes
3. Ferramentas de colaboração on-line, como Google Docs, Google Slides ou qualquer outra plataforma preferida
4. Gravador de áudio ou vídeo (opcional)

**ROTEIRO DA SESSÃO**

A. **Preparação** (10 minutos)
   Os participantes preparam uma lista de perguntas relacionadas a botânica que desejam fazer ao especialista.
   Eles compartilham as perguntas em um documento colaborativo para que todos tenham acesso.

B. **Introdução** (5 minutos)
   O facilitador introduz o especialista em botânica e estabelece o contexto para a entrevista.
   As regras da sessão são estabelecidas, como a ordem das perguntas e o tempo disponível para cada uma.

C. **Entrevista** (60 minutos)
   Os participantes fazem suas perguntas ao especialista, explorando tópicos como a diversidade de flores, características, cultivo e cuidados, entre outros.
   O ChatGPT serve como mediador entre os participantes e o especialista, transmitindo as perguntas e as respostas.
   É importante permitir que o especialista tenha tempo suficiente para responder a cada pergunta de forma adequada e completa.

D. **Discussão e reflexão** (15 minutos)
   Após a entrevista, os participantes discutem as respostas do especialista e compartilham suas percepções.
   O ChatGPT ajuda a esclarecer pontos importantes ou fornecer informações adicionais, se necessário.

E. **Documentação** (opcional)
Se desejado, a sessão de entrevista pode ser gravada em áudio o vídeo, para fins de referência futura ou compartilhamento com outros interessados.

A sessão "Entrevista com Especialista" é uma excelente oportunidade para os participantes aprenderem com um profissional experiente e obterem informações valiosas em primeira mão. O ChatGPT desempenha o papel de facilitador, ajudando a transmitir as perguntas e as respostas de forma clara e organizada. É importante que os participantes estejam preparados com perguntas relevantes e que respeitem o tempo do especialista durante a entrevista.

**Modelo para Design Thinking**

A tabela a seguir representa um modelo para ser impresso e preenchido pelo professor na organização da aula com uma sessão de Design Thinking. Considere o guia apresentado no capítulo 3.

| Nome: | |
|---|---|
| Turma: | Data: |
| Aula: | |
| Etapas | Anotações |
| Empatizar | |
| Definir | |
| Idear | |
| Prototipar | |
| Testar | |

### Exemplo:

| Etapas | Exemplo prático |
|---|---|
| Empatizar | Entrevistar outros estudantes que usam o playground, observar a atividade durante os intervalos e coletar dados sobre os equipamentos mais e menos populares. |
| Definir | Identificar o problema, como "O playground da escola não possui equipamentos adequados para crianças de todas as faixas etárias". |
| Idear | Gerar ideias, como adicionar diferentes tipos de equipamentos de brincadeira, criar áreas separadas para diferentes faixas etárias ou introduzir um sistema para compartilhar equipamentos. |
| Prototipar | Criar uma maquete do playground em escala usando materiais artesanais, mostrando a localização dos novos equipamentos. |
| Testar | Apresentar o modelo do playground para outras turmas e funcionários da escola, coletar opiniões e usar o *feedback* para fazer melhorias. |

### Prompts para IA generativa para estudantes do ensino primário ou fundamental

Sabemos que as perguntas estão borbulhando nas mentes dos estudantes e temos o prazer de ajudar a respondê-las. De Matemática a Ciências, de História a Geografia, a seguir há uma série de perguntas que servirão como guia na jornada de aprendizado e ajudarão a introduzir a IA no dia a dia desses jovens.

**Exploração de temas** – "Quais são alguns animais que vivem na floresta tropical?"

**Entendendo o tempo** – "Você pode explicar a diferença entre passado, presente e futuro?"

**Ajuda com matemática** – "Você pode me mostrar como resolver problemas de adição com dois dígitos?"

**Geometria** – "O que é um polígono e quais são os diferentes tipos de polígonos?"

**Construção de frases** – "Como posso tornar esta frase mais interessante? 'O gato dormiu.'"

**Ampliar o vocabulário** – "Qual é o antônimo de 'grande'?"

**Aperfeiçoamento da escrita** – "Como posso começar a escrever uma história sobre um dia na praia?"

**Entendimento da ciência** – "Você pode explicar a diferença entre um animal herbívoro e um carnívoro?"

**Compreendendo a história** – "Quem foi Cristóvão Colombo e o que ele fez?"

**Incentivando a leitura** – "Qual é um bom livro de mistério que eu poderia ler?"

**Entendendo a geografia** – "Como os rios e montanhas afetam o clima de uma área?"

**Compreensão da arte** – "Como posso aprender a desenhar um rosto humano?"

**Sugestões de pesquisa** – "Quais são alguns sites confiáveis em que eu poderia pesquisar sobre a história do Brasil?"

**Ajuda com a lição de casa** – "Estou com dificuldades para entender esse problema de divisão. Você pode me mostrar como resolvê-lo passo a passo?"

**Práticas de estudo** – "Como posso fazer anotações eficientes durante a leitura de um texto?"

## Prompts para IA generativa para estudantes do ensino secundário ou médio

No ensino médio, os estudantes passam a navegar por terras cada vez mais complexas do conhecimento. Para ajudar nessa navegação, compilei uma lista de perguntas que abrangem desde problemas matemáticos complicados até intrincadas análises literárias.

**Explicação de conceitos avançados** – "Você pode explicar a teoria da relatividade?"

**Revisão de conceitos** – "Você pode revisar as leis do movimento de Newton comigo?"

**Exemplos de problemas matemáticos complexos** – "Você pode me mostrar como resolver uma equação quadrática?"

**Ajuda com a lição de casa** – "Estou tendo dificuldade em entender esta questão de física sobre energia cinética. Você pode me ajudar a entendê-la melhor?"

**Gramática e estrutura de frases** – "Como posso melhorar esta frase? 'Os efeitos da mudança climática, que são catastróficos, é importante.'"

**Vocabulário avançado** – "Qual é o significado de 'perfunctório'?"

**Correção de ortografia** – "Qual é a ortografia correta: privilégio ou previlégio?"

**Ajuda com a redação** – "Estou escrevendo um ensaio argumentativo sobre a legalização da maconha. Você pode me ajudar a estruturar meus argumentos?"

**Dicas de estudo para exames** – "Quais são algumas estratégias eficazes de revisão para o exame de matemática?"

**História** – "Você pode me dar uma visão geral da Guerra Fria?"

**Ciência** – "Você pode explicar o princípio de funcionamento de um reator nuclear?"

**Geografia** – "Você pode me dar algumas informações sobre as implicações econômicas da localização geográfica do Brasil?"

**Arte** – "Você pode explicar a importância do Renascimento na história da arte?"

**Livros e Leitura** – "Que tipo de livros eu deveria ler para entender melhor o contexto histórico da Segunda Guerra Mundial?"

**Pesquisa** – "Estou escrevendo um trabalho de pesquisa sobre as consequências econômicas da pandemia de covid-19. Onde posso encontrar fontes confiáveis?"

## Prompts para IA generativa para estudantes dos ensinos técnico e superior

Na universidade, o campo de estudo passa por um mergulho profundo. Os conceitos se tornam cada vez mais complexos e as expectativas aumentam. Por isso, a orientação certa é fundamental para a conquista de qualquer desafio. Reuni uma lista de perguntas adaptadas a várias disciplinas para a caminhada no terreno acadêmico.

### I. ÁREA DE HUMANAS

**História** – "Você pode me dar uma visão geral dos principais eventos da Revolução Industrial?"

**Sociologia** – "Qual é a teoria do conflito de Karl Marx?"

**Filosofia** – "Como o existencialismo de Jean-Paul Sartre difere do de Friedrich Nietzsche?"

**Literatura** – "Você pode analisar o uso de simbolismo na obra *Cem anos de solidão*, de Gabriel García Márquez?"

**Arte** – "Como o movimento Dadaísta influenciou a arte contemporânea?"

**Política** – "Qual é a diferença entre Liberalismo e Neoliberalismo?"

**Línguas** – "Qual é a diferença entre os verbos *ser* e *estar* no espanhol?"

**Teoria crítica** – "Como posso aplicar a teoria feminista para analisar a peça *A casa de Bernarda Alba*?"

**Pesquisa** – "Estou escrevendo uma dissertação sobre as políticas de imigração na Europa. Onde posso encontrar fontes confiáveis?"

**Redação** – "Como posso melhorar minha tese sobre a influência da mídia na política?"

### II. ÁREA DE EXATAS

**Matemática** – "Você pode me mostrar como provar o Teorema Fundamental do Cálculo?"

**Física** – "Como a Mecânica Quântica explica o fenômeno da superposição?"

**Engenharia** – "Quais são os princípios básicos do controle de sistemas?"

**Ciência da computação** – "Você pode me ajudar a entender a complexidade do algoritmo de ordenação por fusão (*merge sort*)?"

**Estatística** – "Qual é a diferença entre um teste t e um teste chi-quadrado?"

**Química** – "Você pode explicar o conceito de ligações de hidrogênio?"

**Economia** – "Como a inflação afeta a economia de um país?"

**Pesquisa** – "Estou trabalhando em um projeto sobre aprendizado de máquina. Onde posso encontrar os últimos artigos de pesquisa sobre esse tópico?"

**Programação** – "Você pode me ajudar a debugar este código em Python que está dando erro?"

**Problema matemático complexo** – "Você pode me ajudar a resolver este problema de otimização?"

## III. ÁREA DE BIOLÓGICAS

**Biologia** – "Você pode explicar o papel do RNA mensageiro na síntese de proteínas?"

**Medicina** – "Quais são as causas e os sintomas da esquizofrenia?"

**Neurociência** – "Como funcionam os neurotransmissores?"

**Genética** – "Você pode explicar a técnica CRISPR-CAS9?"

**Ecologia** – "Como a poluição do ar afeta os ecossistemas?"

**Bioquímica** – "Como as enzimas funcionam no metabolismo celular?"

**Anatomia** – "Você pode me dar uma visão geral do sistema circulatório humano?"

**Farmacologia** – "Como funcionam os antidepressivos?"

**Pesquisa** – "Estou escrevendo um trabalho sobre o impacto da mudança climática na biodiversidade. Onde posso encontrar fontes confiáveis?"

**Redação científica** – "Como posso melhorar a introdução do meu artigo sobre a pesquisa do genoma humano?"

## Prompts para IA generativa para professores do ensino básico

Abordamos *prompts* para a IA que são especialmente projetados para professores do ensino básico. Aqui, procuramos abrir o mundo da IA para profissionais de ensino que lidam com alunos que estão nos estágios iniciais de seu desenvolvimento educacional. As ferramentas de IA são valiosas, para ajudar os professores a conduzir o aprendizado de forma mais personalizada e engajadora, e os *prompts* sugeridos neste capítulo estão voltados a atividades, como aperfeiçoar habilidades de leitura, escrita e matemática, explorar conceitos científicos básicos e despertar a curiosidade e o interesse dos alunos pelo aprendizado.

**Sugestões de atividades** – "Poderia me fornecer sugestões de atividades lúdicas para ensinar conceitos básicos de matemática aos meus alunos do 2º ano?"

**Elucidação de conceitos** – "Qual seria a forma mais simplificada de explicar o ciclo da água para crianças do ensino fundamental?"

**Métodos pedagógicos** – "Quais são alguns métodos comprovados para ensinar leitura e escrita aos meus alunos?"

**Manejo da disciplina** – "Poderia sugerir algumas técnicas eficazes para melhorar a disciplina em minha sala de aula?"

**Construção de planos de aula** – "Como posso construir um plano de aula atraente sobre a vida selvagem?"

**Aferição do aprendizado** – "Poderia me indicar algumas formas criativas de avaliar a compreensão dos meus alunos acerca do conteúdo científico?"

**Implementação de tecnologia** – "Quais estratégias poderiam ser usadas para integrar tecnologia de maneira efetiva nas minhas aulas?"

**Adaptação de aulas** – "Como posso modificar minha aula para atender alunos com diferentes perfis de aprendizagem?"

**Engajamento dos pais** – "Poderia me dar algumas ideias para incentivar a participação dos pais no processo de aprendizado de seus filhos?"

**Recursos pedagógicos** – "Onde posso encontrar material didático gratuito para ensinar história?"

**Exploração de habilidades socioemocionais** – "Como posso incorporar o desenvolvimento de habilidades socioemocionais nas minhas aulas?"

**Jogos pedagógicos** – "Poderia me sugerir alguns jogos educativos para ensinar gramática de maneira divertida?"

**Uso de mídias** – "Como posso utilizar filmes e vídeos para complementar o ensino de ciências sociais?"

**Ensino de ciências** – "Qual seria a melhor forma de apresentar o sistema solar aos meus alunos do 4º ano?"

**Participação dos alunos** – "Como posso estimular a participação ativa dos alunos durante as aulas?"

**Estudo de caso** – "Como posso usar estudos de caso para ensinar matemática?"

**Metodologias ativas** – "Quais são algumas maneiras efetivas de implementar metodologias ativas de aprendizagem na minha sala de aula?"

**Ensino interdisciplinar** – "Como posso criar uma aula que integre os conceitos de história e ciências?"

**Uso de histórias** – "Como posso usar histórias e contos para ensinar moral e ética?"

**Métodos de avaliação alternativos** – "Quais são algumas formas não tradicionais de avaliar o aprendizado dos alunos?"

## Prompts para IA generativa para professores do ensino secundário

Os desafios da educação no ensino médio tornam-se mais complexos, pois os alunos começam a se deparar com conceitos mais abstratos e a desenvolver habilidades de pensamento crítico. Os *prompts* para a IA nesta seção buscam apoiar os professores nesse desafio, fornecendo ferramentas para abordar tópicos complexos, facilitar discussões em sala de aula e ajudar na preparação para exames e avaliações. Procuramos oferecer *prompts* que possam auxiliar na orientação de projetos de pesquisa e no desenvolvimento de habilidades para o século XXI, como resolução de problemas e pensamento crítico.

**Sugestões de atividades** – "Poderia me fornecer atividades interativas para ensinar equações de segundo grau de uma maneira envolvente?"

**Desmistificação de conceitos** – "Qual seria a forma mais efetiva de explicar o processo de fotossíntese para alunos do ensino médio?"

**Metodologias de ensino** – "Quais são algumas abordagens eficazes para ensinar a redação argumentativa?"

**Motivação em sala de aula** – "Poderia me sugerir técnicas para manter a motivação e o engajamento dos alunos durante as aulas?"

**Criação de planos de aula** – "Como posso elaborar um plano de aula cativante sobre a Segunda Guerra Mundial?"

**Métodos de avaliação** – "Poderia me indicar formas diversificadas de avaliar a compreensão dos alunos em literatura?"

**Incorporação de tecnologia** – "Como posso integrar tecnologia de maneira efetiva nas minhas aulas de matemática?"

**Adaptação pedagógica** – "Como posso adequar minha aula para atender alunos com diferentes níveis de proficiência em ciências?"

**Comunicação com os pais** – "Quais são algumas estratégias para manter os pais atualizados sobre o progresso acadêmico dos seus filhos?"

**Recursos didáticos** – "Onde posso encontrar material didático gratuito para ensinar química orgânica?"

**Pensamento crítico** – "Como posso desenvolver habilidades de pensamento crítico nos meus alunos por meio das aulas de literatura?"

**Atividades práticas** – "Poderia me sugerir atividades práticas para ensinar o conceito de força e movimento em física?"

**Preparação para exames** – "Como posso ajudar meus alunos a se preparar de maneira eficiente para o exame de biologia?"

**Discussões em sala de aula** – "Quais estratégias poderiam facilitar discussões produtivas sobre temas complexos em sala de aula?"

**Projetos de pesquisa** – "Como posso orientar meus alunos na execução de projetos de pesquisa em história?"

**Habilidades do século XXI** – "Quais atividades poderiam ajudar a desenvolver habilidades de resolução de problemas nos meus alunos?"

**Ensino de ética** – "Como posso integrar o ensino de ética nas minhas aulas de ciências sociais?"

**Uso de multimídia** – "Como posso usar multimídia para enriquecer minhas aulas de geografia?"

**Engajamento dos alunos** – "Quais estratégias poderiam aumentar a participação dos alunos durante as aulas de Filosofia?"

**Avaliação contínua** – "Quais são algumas técnicas eficazes para avaliar o progresso contínuo dos alunos em Matemática?"

**Prompts para IA generativa para professores do ensino superior**

Nesse estágio, os desafios educacionais tornam-se ainda mais diversificados, pois os alunos mergulham profundamente em áreas de estudo específicas e começam a contribuir para a produção de conhecimento em suas disciplinas. Os *prompts* para a IA nesta seção são destinados a apoiar os professores nessa tarefa, oferecendo ferramentas que ajudam a facilitar discussões em profundidade, orientar pesquisas independentes e até auxiliar na revisão e publicação de trabalhos acadêmicos. Exploramos o uso da IA na personalização do ensino e na facilitação da aprendizagem on-line e a distância – questões cada vez mais importantes no cenário da educação superior contemporânea.

### I. PROFESSORES DE HUMANAS

**Sugestões de atividades** – "Poderia me sugerir algumas atividades interativas para ensinar filosofia antiga?"

**Desmistificação de conceitos** – "Qual seria a forma mais efetiva de explicar o estruturalismo em sociologia?"

**Metodologias de ensino** – "Quais são algumas abordagens eficazes para ensinar a análise literária de textos complexos?"

**Criação de planos de aula** – "Como posso elaborar um plano de aula cativante sobre a Guerra Fria?"

**Técnicas de avaliação** – "Quais são algumas abordagens inovadoras para avaliar a compreensão dos alunos em história moderna?"

**Integração de tecnologia** – "Como posso efetivamente incorporar tecnologia nas minhas aulas de literatura?"

**Personalização do ensino** – "Como posso adequar minha aula para atender alunos com diferentes níveis de proficiência em ciências sociais?"

**Participação dos alunos** – "Quais são algumas estratégias eficazes para fomentar a participação ativa dos alunos em discussões sobre psicologia?"

**Recursos didáticos** – "Onde posso encontrar material didático gratuito para ensinar teoria política?"

**Orientação de pesquisa** – "Quais são algumas dicas para orientar meus alunos em seus projetos de pesquisa em antropologia?"

## II. PROFESSORES DE EXATAS

**Propostas de atividades** – "Poderia me dar algumas ideias de atividades interativas para ensinar cálculo diferencial e integral?"

**Clarificação de conceitos** – "Qual é a melhor maneira de explicar o conceito de lógica proposicional em ciência da computação?"

**Técnicas de ensino** – "Quais são algumas estratégias eficazes para ensinar a teoria dos grafos?"

**Elaboração de planos de aula** – "Como posso criar um plano de aula envolvente sobre equações diferenciais?"

**Métodos de avaliação** – "Quais são algumas maneiras inovadoras de avaliar a compreensão dos alunos em física quântica?"

**Incorporação de tecnologia** – "Como posso integrar tecnologia de forma efetiva nas minhas aulas de engenharia?"

**Adaptação pedagógica** – "Como posso adequar minha aula para atender alunos com diferentes níveis de proficiência em matemática?"

**Engajamento dos alunos** – "Quais são algumas estratégias eficazes para incentivar a participação ativa dos alunos em problemas complexos de engenharia?"

**Recursos educacionais** – "Onde posso encontrar recursos didáticos gratuitos para ensinar programação em Python?"

**Aconselhamento de pesquisa** – "Quais são algumas dicas para orientar meus alunos em seus projetos de pesquisa em física?"

### III. PROFESSORES DE BIOLÓGICAS

**Atividades para aulas** – "Poderia me dar algumas ideias de atividades interativas para ensinar genética?"

**Explicação de conceitos** – "Qual é a melhor maneira de explicar o conceito de evolução por seleção natural?"

**Estratégias pedagógicas** – "Quais são algumas estratégias eficazes para ensinar a anatomia humana?"

**Criação de planos de aula** – "Como posso elaborar um plano de aula envolvente sobre ecossistemas marinhos?"

**Avaliação inovadora** – "Quais são algumas maneiras inovadoras de avaliar a compreensão dos alunos em biologia celular?"

**Integração de tecnologia** – "Como posso incorporar tecnologia de maneira efetiva em minhas aulas de microbiologia?"

**Personalização do ensino** – "Como posso adaptar minha aula para atender às necessidades de alunos com diferentes níveis de habilidade em bioquímica?"

**Promoção do engajamento** – "Quais são algumas estratégias eficazes para promover a participação ativa dos alunos em discussões sobre ética em pesquisa biomédica?"

**Recursos didáticos** – "Onde posso encontrar recursos didáticos gratuitos para ensinar fisiologia humana?"

**Orientação para pesquisa** – "Quais são algumas dicas para orientar meus alunos em seus projetos de pesquisa em biotecnologia?"

**Prompts avançados**

Veja a seguir modelos de prompts avançados para professores e estudantes que já conhecem a fundo a plataforma de Inteligência Artificial generativa. Faça as devidas modificações e crie seus *prompts*, sempre fornecendo contexto e detalhes.

I. ANÁLISE DE DESEMPENHO
- Analise o desempenho dos meus alunos com base nestes resultados de teste [insira resultados]
- Analise o desempenho deste programa educacional [insira detalhes]
- Analise o desempenho da minha estratégia de ensino com base neste *feedback* dos alunos [insira *feedback*]

II. AVALIAÇÃO DE ESTRATÉGIAS DE APRENDIZADO
- Avalie a estratégia de aprendizado que estou usando para ensinar [insira o tema], [insira estratégia]
- Avalie a estratégia de aprendizado que estou utilizando para o ensino de [insira o tema], [insira estratégia]
- Avalie a estratégia de aprendizado que estou aplicando para a educação de adultos [insira estratégia]

III. AVALIAÇÃO DE PROPOSTAS DE PESQUISA
- Avalie a minha proposta de pesquisa sobre [insira o tema], [insira a proposta]
- Avalie a minha proposta de pesquisa sobre [insira o tema], [insira a proposta]
- Avalie a minha proposta de pesquisa sobre [insira o tema], [insira a proposta]

IV. AVALIAÇÃO DE RECURSOS
- Avalie a eficácia deste software educacional para uso em minha sala de aula [insira detalhes do software]
- Avalie o potencial deste livro didático para o meu curso de história da arte [insira detalhes do livro]

- Avalie a relevância desta conferência para minha pesquisa em ciências da educação [insira detalhes da conferência]

## V. BRAINSTORMING

- Me dê 5 ideias de como integrar a gamificação na minha aula de [insira o tema]
- Me dê 4 ideias para tópicos de dissertação relacionados a [insira o tema]
- Me dê 6 ideias de atividades práticas para minha aula de [insira o tema]

## VI. CONSTRUÇÃO DE BIBLIOGRAFIAS

- Construa uma bibliografia de 10 obras relacionadas a [insira o tema]
- Construa uma bibliografia de 5 artigos científicos recentes sobre [insira o tema]
- Construa uma bibliografia de 7 livros sobre [insira o tema]

## VII. CRIAÇÃO DE CRONOGRAMAS DE ESTUDO

- Crie um cronograma de estudo para um aluno que está se preparando para exames finais [insira lista de matérias e disponibilidade de tempo]
- Crie um cronograma de estudo para um aluno que está se preparando para o vestibular [insira lista de matérias e disponibilidade de tempo]
- Crie um cronograma de estudo para um aluno que está fazendo uma revisão geral antes das provas [insira lista de matérias e disponibilidade de tempo]

## VIII. CRIAÇÃO DE ROTEIROS PARA AULAS ON-LINE

- Crie um roteiro para uma aula on-line síncrona sobre [insira o tema]
- Crie um roteiro para uma aula on-line assíncrona sobre [insira o tema]
- Crie um roteiro para uma aula on-line sobre os fundamentos de [insira o tema]

## IX. CRIAÇÃO DE RUBRICAS

- Crie uma rubrica para avaliar uma apresentação oral dos alunos sobre [insira o tema]
- Crie uma rubrica para avaliar um trabalho de pesquisa sobre [insira o tema]
- Crie uma rubrica para avaliar um projeto de [insira o tema]

## X. CRIAÇÃO DE SINOPSES

- CRie uma sinopse para o meu novo curso sobre [insira o tema]
- Crie uma sinopse para o workshop [insira o tema]
- Crie uma ementa para a minha nova disciplina [insira o tema]

## XI. CRIAÇÃO DE TESTES E EXAMES

- Crie um teste para avaliar o conhecimento dos alunos sobre [insira o tema]
- Crie um exame para avaliar o entendimento dos alunos sobre [insira o tema]
- Crie um teste para avaliar as habilidades dos alunos em [insira o tema]

## XII. CRÍTICAS E ANÁLISES

- Faça uma crítica ao plano de aula [insira o plano de aula]
- Analise o layout do meu ambiente de aprendizado virtual [insira detalhes ou imagens]
- Forneça uma crítica construtiva para a minha estratégia de ensino [insira a estratégia de ensino]

## XIII. DESENVOLVIMENTO DE ATIVIDADES

- Desenvolva uma atividade interativa para ensinar os alunos sobre [insira o tema]
- Desenvolva um roteiro para uma aula prática de laboratório sobre [insira o tema]
- Desenvolva uma atividade em grupo para ensinar os alunos sobre a importância do trabalho em equipe

## XIV. DESENVOLVIMENTO DE ESTRATÉGIAS DE APRENDIZADO

- Desenvolva uma estratégia de aprendizado para ensinar alunos com dificuldades em [insira o tema]
- Desenvolva uma estratégia de aprendizado para integrar aulas práticas no ensino de [insira o tema]
- Desenvolva uma estratégia de aprendizado para promover a leitura entre os alunos de [insira o tema]

## XV. DESENVOLVIMENTO DE ESTRATÉGIAS DE ENGAJAMENTO

- Desenvolva uma estratégia para aumentar o engajamento dos alunos durante as aulas de [insira o tema]
- Desenvolva uma estratégia para promover a participação dos pais na educação dos alunos
- Desenvolva uma estratégia para incentivar os alunos a participarem mais ativamente nas aulas de [insira o tema]

## XVI. DESENVOLVIMENTO DE POLÍTICAS DE SALA DE AULA

- Desenvolva uma política de sala de aula que promova o respeito e a inclusão
- Desenvolva uma política de sala de aula que incentive a participação e o engajamento dos alunos
- Desenvolva uma política de sala de aula que minimize as distrações e maximize o aprendizado

## XVII. DESENVOLVIMENTO DE PROJETOS

- Desenvolva um projeto de aula prática para o estudo de [insira o tema]
- Desenvolva um projeto para implementar a aprendizagem baseada em problemas em minha aula de [insira o tema]
- Desenvolva um projeto para promover a leitura e a escrita por meio de um clube de livros na escola

## XVIII. DESENVOLVIMENTO DE RECURSOS DE APRENDIZAGEM

- Desenvolva um recurso de aprendizagem interativo para ensinar [insira o tema]

- Desenvolva um recurso de aprendizagem baseado em um projeto para ensinar conceitos de [insira o tema]
- Desenvolva um recurso de aprendizagem para ensinar os alunos sobre [insira o tema]

## XIX. ELABORAÇÃO DE QUESTÕES

- Elabore 3 questões de múltipla escolha para avaliar o entendimento dos alunos sobre [insira o tema]
- Elabore 2 questões discursivas para avaliar a compreensão dos alunos sobre [insira o tema]
- Elabore 5 questões de verdadeiro ou falso para avaliar o conhecimento dos alunos sobre [insira o tema]

## XX. FORMAÇÃO DE EQUIPES PARA PROJETOS

- Forme equipes balanceadas para um projeto de pesquisa em ciências [insira a lista de alunos e suas habilidades]
- Forme equipes equitativas para um projeto de debate em ciências sociais [insira a lista de alunos e suas habilidades]
- Forme equipes estratégicas para um projeto de programação em grupo [insira a lista de alunos e suas habilidades]

## XXI. GERAÇÃO DE NOMES

- Sugira um nome criativo para minha nova disciplina usando as palavras [insira a palavra] e [insira a palavra]
- Sugira um nome inovador para minha conferência acadêmica usando as palavras [insira a palavra] e [insira a palavra]
- Sugira um nome memorável para meu grupo de pesquisa usando a palavra [insira a palavra]

## XXII. GUIA PASSO A PASSO

- Forneça instruções passo a passo sobre como desenvolver um curso on-line sobre o tema [insira o tema]
- Forneça instruções passo a passo sobre como criar uma atividade de aprendizagem interativa sobre o tema [insira o tema]
- Forneça instruções passo a passo sobre como preparar uma aula expositiva eficaz sobre o tema [insira o tema]

## XXIII. MELHORIA
- Forneça 3 maneiras de melhorar minha apresentação em PowerPoint [insira a apresentação]
- Forneça 5 maneiras de melhorar a estrutura do meu plano de aula [insira o plano de aula]
- Forneça 4 maneiras de melhorar a avaliação da minha turma [insira detalhes da avaliação]

## XXIV. ORIENTAÇÃO PARA REDAÇÃO DE ARTIGOS ACADÊMICOS
- Oriente sobre a redação de um artigo acadêmico sobre [insira o tema]
- Oriente sobre a redação de um artigo acadêmico sobre [insira o tema]
- Oriente sobre a redação de um artigo acadêmico sobre [insira o tema]

## XXV. PLANEJAMENTO DE AULAS
- Planeje uma aula sobre [insira o tema da aula] para um curso de [insira o tema do curso]
- Planeje uma aula introdutória de [insira o tema] para alunos do ensino médio
- Planeje uma aula sobre [insira o tema] para alunos do ensino superior

## XXVI. PLANEJAMENTO DE OFICINAS E SEMINÁRIOS
- Planeje uma oficina sobre métodos eficazes de estudo para alunos do ensino médio
- Planeje um seminário sobre a importância do pensamento crítico na era da informação
- Planeje uma oficina sobre técnicas básicas de programação para estudantes sem experiência prévia

## XXVII. PLANEJAMENTO DE SESSÕES DE MENTORIA
- Planeje uma sessão de mentoria para estudantes de graduação interessados em pesquisa

- Planeje uma sessão de mentoria para novos professores adaptarem-se ao ensino a distância
- Planeje uma sessão de mentoria para pós-graduandos aprimorarem suas habilidades de apresentação

## XXVIII. PREPARAÇÃO DE FEEDBACK PARA ALUNOS
- PRepare um *feedback* para um aluno que está tendo dificuldades em [insira o tema], [insira detalhes do desempenho do aluno]
- Prepare um *feedback* para um aluno que se destacou em um projeto de [insira detalhes do projeto]
- Prepare um *feedback* para um aluno que precisa melhorar suas habilidades de escrita [insira exemplos do trabalho do aluno]

## XXIX. PROJEÇÃO DE CURRÍCULOS
- Projete um currículo para um novo curso de [insira o tema]
- Projete um currículo para um workshop de [insira o tema]
- Projete um currículo para um programa de tutoria para estudantes do ensino médio

## XXX. PROPOSTA DE TEMAS PARA SEMINÁRIOS
- Proponha 3 temas para um seminário sobre [insira o tema]
- Proponha 5 temas para um seminário sobre [insira o tema]
- Proponha 4 temas para um seminário sobre estratégias de ensino para alunos com necessidades especiais

## XXXI. RECOMENDAÇÕES DE ESTRATÉGIAS DE ENSINO
- Recomende estratégias de ensino para um professor iniciante no ensino de [insira o tema]
- Recomende estratégias de ensino para engajar alunos em um curso de [insira o tema]
- Recomende estratégias de ensino para facilitar o aprendizado de conceitos complexos em [insira o tema]

## XXXII. RECOMENDAÇÕES DE FERRAMENTAS DIGITAIS

- Recomende 3 ferramentas digitais para facilitar o ensino de [insira o tema]
- Recomende 5 aplicativos para ajudar os alunos a se organizarem melhor
- Recomende 2 plataformas para a criação de *quizzes* interativos para os alunos

## XXXIII. REVISÃO DE PLANOS DE AULA

- Revise e sugira melhorias para o meu plano de aula sobre [insira o tema], [insira plano de aula]
- Revise e forneça *feedback* para o meu plano de aula sobre [insira o tema], [insira plano de aula]
- Revise e aconselhe sobre possíveis melhorias para o meu plano de aula sobre [insira o tema], [insira plano de aula]

## XXXIV. REVISÃO DE TEXTOS

- Revise e forneça *feedback* para o esboço do meu artigo de pesquisa [insira o esboço]
- Revise e sugira melhorias para o sumário do meu livro didático [insira o sumário]
- Revise e forneça sugestões para a descrição da minha nova disciplina [insira a descrição]

## XXXV. SUGESTÕES DE ATIVIDADES EXTRACLASSE

- Sugira 3 atividades extraclasse para complementar o aprendizado de [insira o tema]
- Sugira 5 atividades extraclasse para ajudar os alunos a desenvolver habilidades de [insira o tema]
- Sugira 2 atividades extraclasse que incentivem a aprendizagem de um novo idioma

## XXXVI. SUGESTÕES DE EXERCÍCIOS PRÁTICOS

- Sugira um exercício prático para alunos aprenderem sobre [insira o tema]

- Sugira um exercício prático para alunos entenderem o conceito de [insira o tema]
- SUgira um exercício prático para alunos praticarem técnicas de redação sobre [insira o tema]

## XXXVII. SUGESTÕES DE LEITURAS COMPLEMENTARES
- Sugira 5 leituras complementares para um curso sobre [insira o tema]
- Sugira 3 leituras complementares para um módulo sobre [insira o tema]
- Sugira 7 leituras complementares para uma disciplina sobre [insira o tema]

## XXXVIII. SUGESTÃO DE RECURSOS
- Sugira 5 recursos on-line para auxiliar no ensino de [insira o tema]
- Sugira 3 softwares de simulação para aulas de [insira o tema]
- Sugira 7 podcasts educacionais que poderiam complementar as aulas de [insira o tema]

## XXXIX. SUGESTÕES DE TÉCNICAS DE APRESENTAÇÃO
- Sugira técnicas de apresentação para um professor que está se preparando para uma conferência acadêmica
- Sugira técnicas de apresentação para alunos que estão preparando uma apresentação em grupo
- Sugira técnicas de apresentação para um estudante que está defendendo sua dissertação de mestrado

## XL. SUMARIZAÇÃO
- Você pode resumir o artigo [insira o título do artigo ou livro]?
- Você pode resumir o livro [insira o título do artigo ou livro] em 400 palavras?
- Você pode resumir a tese [insira o texto]?
- Você pode resumir o artigo [insira o título do artigo ou livro] em 30% de modo que se compreendam os 70% restantes?

# 11
# MODELANDO
## MENTES E FORJANDO FUTUROS PROFESSORES NA NOVA ERA DA INTELIGÊNCIA ARTIFICIAL

À medida que nos aproximamos do final de nossa exploração da Inteligência Artificial na educação, encontramo-nos no âmbito dos cursos e de seu papel fundamental na preparação da próxima geração de professores. A perspectiva de integrar a IA em nossas escolas, embora empolgante, coloca uma nova camada de responsabilidade nas instituições encarregadas de preparar nossos educadores.

Para moldar o futuro da educação, os cursos de formação de professores devem fornecer um ambiente que estimule a curiosidade, incentive a alfabetização tecnológica e cultive uma compreensão das implicações éticas da IA na educação. Examinaremos aqui as várias facetas dessa jornada desafiadora, mas gratificante, usando exemplos do mundo real e explorando como isso é realizado de maneira prática e inspiradora.

Considere o cenário fictício seguinte para entender o papel transformador que cursos bem estruturados desempenham na formação dos educadores do futuro.

Maria é uma estudante recém-matriculada em um programa de mestrado em Educação, em uma universidade prestigiosa. Ela representa a nova geração de professores, que têm afinidade com a tecnologia e entusiasmo em aproveitar o poder da IA para melhorar sua futura sala de aula. O primeiro contato de Maria com a IA em seu curso ocorre por meio de uma disciplina obrigatória intitulada "Introdução à IA na Educação". Apesar de sua natureza introdutória, esse curso não se limita apenas à superfície, mas inclui a compreensão aprofundada das capacidades da IA e de suas aplicações potenciais em um ambiente educacional.

Em seguida, ela faz o curso "Design Curricular e Integração de IA", no qual aprende a combinar efetivamente metodologias de ensino tradicionais com ferramentas impulsionadas por IA. Maria desenvolve seus próprios planos de aula integrados à IA, avalia ferramentas de IA quanto à sua utilidade pedagógica e recebe *feedback* de educadores experientes.

A jornada de Maria em sua formação reflete um modelo de como os programas de preparação de professores enfrentam o desafio de treinar professores para um mundo em que a IA está profundamente entrelaçada na estrutura da educação. Certamente não é uma tarefa fácil, mas é uma jornada que vale a pena. Para cada Maria que sai desses cursos, temos um educador que utiliza a IA não apenas como um dispositivo legal, mas como uma ferramenta poderosa que remodela a educação para melhor.

A formação de professores ajuda a garantir que a introdução da IA nas salas de aula seja cuidadosa, intencional e centrada no ser humano. Não basta que nossos educadores apenas convivam com a IA; eles devem ser capazes de colaborar com ela, orientá-la, questioná-la e moldá-la em uma ferramenta que eleve sua prática de ensino.

Percebemos, assim, a imensa importância e o potencial que os programas de formação de professores carregam. Estamos no limiar de uma revolução educacional impulsionada pela IA, e tais programas detêm a chave para garantir que essa revolução seja liderada por educadores que estejam preparados, capacitados e inspirados a moldar o futuro do ensino e da aprendizagem.

## Proposta de plano de ensino da disciplina de formação de professores "Introdução à Inteligência Artificial na Educação"

**Ementa**

Proporciona visão aprofundada e abrangente da interseção entre Inteligência Artificial e educação. Abrange desde os fundamentos da IA, seus princípios e aplicações, até o estudo de seus impactos e implicações no contexto educacional. Explora os conceitos de aprendizagem personalizada, análise preditiva, administração educacional e questões relevantes de privacidade, segurança e viés algorítmico. Aborda a importância da acessibilidade, a análise de ferramentas e tecnologias existentes, os critérios para a escolha de ferramentas de IA e estratégias para integrá-las ao ensino.

**Objetivos de aprendizagem**

- Compreender os princípios básicos da Inteligência Artificial e suas subáreas, como aprendizado de máquina e processamento de linguagem natural.
- Identificar possíveis aplicações da IA em um ambiente educacional, incluindo aprendizagem personalizada, automação administrativa e análise de aprendizado.
- Analisar as implicações éticas, legais e sociais da IA na educação, como privacidade de dados, viés algorítmico e acessibilidade.
- Avaliar ferramentas e tecnologias educacionais baseadas em IA quanto à eficácia e ao valor pedagógico.
- Elaborar planos de aula e experiências de aprendizagem básicas integrando a IA.

**Conteúdo programático**

AULA 1: Apresentação da disciplina

AULA 2: Visão Geral da IA: História e Fundamentos

AULA 3: Aprendizado de Máquina: Princípios e Aplicações

AULA 4: Processamento de Linguagem Natural e seu Papel na Educação

AULA 5: Aprendizagem Personalizada e Sistemas Adaptativos

AULA 6: Análise Preditiva do Desempenho do Aluno

**AULA 7:** IA na Administração Educacional e Avaliação
**AULA 8:** IA em Recursos Educativos Abertos e Moocs
**AULA 9:** Privacidade e Segurança de Dados em Aplicações de IA
**AULA 10:** Ética, Viés Algorítmico e Justiça
**AULA 11:** A Divisão Digital: Acessibilidade e Inclusão na Educação com IA
**AULA 12:** Avaliação Parcial
**AULA 13:** Análise de Ferramentas e Tecnologias de IA Existentes na Educação
**AULA 14:** Critérios para Seleção de Ferramentas de IA: Eficácia, Valor Pedagógico, Custo e Facilidade de Uso
**AULA 15:** Estratégias para Integrar IA em Planos de Aula Tradicionais
**AULA 16:** IA na Educação Especial
**AULA17:** Exercícios Práticos na Elaboração de Experiências de Aprendizagem Aprimoradas pela IA
**AULA 18:** Avaliação Final

**Métodos de avaliação**

- **Avaliação parcial:** terá como objetivo avaliar a compreensão e a aplicação dos conceitos estudados na primeira unidade do curso. Consistirá em questões objetivas e discursivas baseadas nas aulas anteriores, bem como em estudos de caso que testarão a habilidade do aluno de aplicar o conhecimento em situações práticas.

- **Participação:** a participação em discussões em sala de aula e a conclusão regular de trabalhos de casa serão avaliadas. Essas tarefas fornecerão ao aluno a oportunidade de explorar os conceitos em maior profundidade e de receber *feedback* do instrutor e dos colegas.

- **Projetos práticos:** oportunidade de aplicar o aprendizado ao criar projetos que incorporem a IA na educação. Isso proporcionará uma experiência prática valiosa e permitirá que os alunos mostrem o que aprenderam de forma criativa e inovadora. Os projetos práticos serão avaliados com base na originalidade, aplicação correta dos conceitos de IA e eficácia na melhoria da experiência de aprendizagem.

- **Avaliação final:** a avaliação final cobrirá todo o conteúdo da unidade 2 do curso e consistirá em questões objetivas e discursivas, bem como em estudos de caso. Ela testará a compreensão do aluno sobre a IA na educação e sua capacidade de aplicar os conceitos aprendidos em situações do mundo real.

## Proposta de plano de ensino da disciplina de formação de professores "Design Curricular e Integração de IA"

### Ementa

Oferece uma análise crítica e detalhada do processo de design curricular, destacando a importância e a aplicabilidade da IA na criação de currículos modernos e relevantes. Enfoca a definição de objetivos, a seleção de conteúdos, a organização da aprendizagem e a avaliação, incorporando o uso eficaz da IA em cada etapa. Aborda questões éticas, legais e de inclusão na aplicação da IA no design curricular.

### Objetivos de aprendizagem

- Compreender os fundamentos do design curricular e a influência da IA na transformação do currículo.
- Explorar o potencial da IA na personalização e diversificação do currículo, alinhando-o às necessidades dos alunos e às tendências do mercado de trabalho.
- Avaliar as implicações éticas e legais da integração da IA no design curricular.
- Desenvolver estratégias eficazes para a integração da IA na prática curricular.
- Projetar e implementar um projeto de design curricular que incorpore a IA de maneira efetiva e significativa.

### Conteúdo programático

**AULA 1:** Introdução à disciplina: Design Curricular e a Integração de IA

**AULA 2:** Fundamentos do Design Curricular

**AULA 3:** A Influência da IA no Design Curricular

**AULA 4:** IA e Personalização do Currículo

**AULA 5:** IA e Diversificação do Currículo

**AULA 6:** Considerações Éticas e Legais na Aplicação da IA ao Design Curricular
**AULA 7:** Acessibilidade e Inclusão no Design Curricular com IA
**AULA 8:** Avaliação Parcial
**AULA 9:** Estratégias para Integração da IA na Prática Curricular
**AULA 10:** Ferramentas e Tecnologias de IA Aplicáveis ao Design Curricular
**AULA 11:** Avaliação e Feedback Automatizado por meio da IA
**AULA 12:** IA e o Futuro do Design Curricular
**AULA 13:** Desenvolvimento do Projeto de Design Curricular com IA
**AULA 14:** Apresentação e Discussão dos Projetos de Design Curricular com IA
**AULA 15:** Avaliação Final

**Métodos de avaliação**

- **Avaliação parcial:** avaliação da compreensão do conteúdo abordado na primeira metade do curso, com foco no conhecimento dos fundamentos do design curricular e no entendimento da influência da IA nesse processo.
- **Participação:** inclui a participação em discussões, realização de tarefas e envolvimento em atividades práticas.
- **Projeto de design curricular com IA:** oportunidade para os alunos aplicarem os conhecimentos adquiridos por meio da criação de um design curricular que integre a IA de forma efetiva. O projeto será avaliado com base na originalidade, aplicabilidade prática e uso eficaz da IA.
- **Avaliação final:** avaliação do conhecimento adquirido ao longo do curso, com ênfase na compreensão da interação entre a IA e o design curricular e na capacidade do aluno de implementar os conhecimentos de maneira prática.

# 12
# O NOVO PROBLEMA E A ÉTICA

Para que a Inteligência Artificial atue verdadeiramente como catalisadora na revolução do processo de aprendizado, é necessário que ela esteja alinhada ao modelo de ensino proposto pela instituição e ao público-alvo pretendido. Ela deve respeitar a essência da inovação e compreender o "novo" do ponto de vista do aprendiz. Esse alinhamento estratégico constitui a base para a implementação eficaz da ferramenta no domínio educacional.

É fundamental estabelecer regras de conduta para seu uso na sala de aula, para garantir uma interação respeitosa, ética e responsável. Essas regras devem enfatizar a importância do respeito mútuo, da ética e da responsabilidade ao formular perguntas e interagir com a ferramenta. Ao fomentar uma cultura de respeito e pensamento crítico, os educadores capacitam os estudantes a utilizar as ferramentas de IA de maneira adequada, aproveitando ao máximo os benefícios educacionais que proporcionam.

Imagine, por exemplo, a implementação de um *chatbot* na sala de aula. Uma das regras de conduta seria o respeito mútuo, que não se limita apenas às interações humanas, mas se estende ao uso do chat. Estudantes, portanto, devem ser encorajados a formular perguntas de maneira respeitosa e evitar linguagem inadequada ou perguntas ofensivas.

A ética é um ponto importante a ser considerado. Assim, por exemplo, quando um aluno estiver investigando eventos históricos controversos, os educadores devem enfatizar que as perguntas têm de ser formuladas de maneira sensível e respeitosa, evitando termos pejorativos ou generalizações que possam ofender outras pessoas ou grupos.

Uma forma eficaz de estabelecer regras de conduta é discutir abertamente com os estudantes, enfatizando a importância do respeito mútuo e do tratamento ético durante a interação com ferramentas de Inteligência Artificial. Os educadores iniciam essa discussão destacando a relevância de tratá-la como uma entidade virtual que merece consideração e respeito.

As ferramentas de IA são produzidas com base nos dados e algoritmos disponíveis e, embora sejam informativas, não são definitivas nem infalíveis. Esse ponto seria ilustrado com o exemplo de uma resposta que a ferramenta forneceria a uma pergunta complexa, incentivando os estudantes a exercer o pensamento crítico para interpretar e avaliar as informações fornecidas.

A resposta dada por ela serve como partida para uma metodologia de estudos de casos, por exemplo, estimulando os estudantes a pesquisar sobre o assunto para corroborar ou refutar a informação recebida. É fundamental promover a conscientização sobre a confiabilidade das respostas geradas, para garantir que os estudantes tenham uma visão crítica e ponderada das informações que estão recebendo. Isso ajudará a evitar equívocos e a promover uma educação baseada em fatos e evidências.

Um aspecto muito importante do uso da IA ou de qualquer outra ferramenta na educação é a transparência no processo. Além de transparente, deve ser consensual. As escolas devem comunicar aos estudantes e pais como a IA está sendo utilizada, quais dados estão sendo coletados e para qual finalidade. Estudantes e pais devem ter a opção de não participar, se ficarem desconfortáveis com a coleta de dados, e recursos de aprendizado alternativos devem estar disponíveis nesses casos.

Qualquer modelo de IA treinado reproduz vieses presentes nos dados de treinamento. Se tais dados contiverem preconceitos, o modelo os reproduz. A monitoração e a avaliação constantes são essenciais para garantir a confiabilidade da IA nas salas de aula. Os sistemas de IA devem passar por auditorias regulares quanto à precisão e à imparcialidade. Isso inclui revisar os dados de treinamento para remover qualquer viés e atualizar os algoritmos para aprimorar continuamente seu desempenho.

# CONSIDERAÇÕES FINAIS

Chegamos ao final desta incrível jornada de descobertas sobre o uso da Inteligência Artificial na sala de aula. Agora, prepare-se para revolucionar suas aulas e transformar o modo como os estudantes aprendem!

Diariamente surgem ferramentas promissoras baseadas em IA capazes de transformar a experiência educacional. Imagine o engajamento dos estudantes, a colaboração entre eles, o desenvolvimento do pensamento crítico e a liberação de sua criatividade! Com o devido planejamento, orientação e reflexão contínua, o uso dessas ferramentas terá um impacto positivo na aprendizagem dos estudantes, preparando-os para os desafios e oportunidades do mundo moderno.

Neste livro, desvendamos o imenso potencial da IA para enriquecer a experiência de aprendizagem. Discutimos os conceitos fundamentais da IA, mostrando como você pode começar a utilizá-la de maneira eficaz em seu plano de ensino. Exploramos também os incríveis benefícios que traz, como o engajamento dos estudantes, a inclusão, a avaliação formativa, as metodologias ativas, a personalização do ensino e muito mais.

Acredite, com a IA, você terá em suas mãos uma ferramenta versátil, capaz de envolver os estudantes de maneira inovadora e impactante. Ao utilizá-la estrategicamente, você poderá promover a participação ativa dos estudantes, incentivando-os a fazer perguntas desafiadoras, colaborar, desenvolver habilidades de pensamento crítico e aplicar o conhecimento criativamente. É simplesmente incrível!

No entanto, é importante lembrar que nenhuma ferramenta substitui o papel essencial do professor. Elas são aliadas poderosas, mas a orientação e a interação humana continuam sendo fundamentais para uma educação significativa. O professor é o condutor desse processo transformador.

Ah, e é sempre bom ter em mente que a IA tem suas limitações, como a possibilidade de gerar respostas imprecisas ou tendenciosas. Incentive seu uso e incentive o questionamento e a validação das informações em fontes conhecidas, estimulando a busca por fontes confiáveis e a análise crítica. Juntos, construímos uma base sólida de conhecimento!

À medida que avançamos em um cenário educacional cada vez mais tecnológico, é fundamental que você explore e adote ferramentas inovadoras de forma responsável e cuidadosa. Com um planejamento adequado e uma integração estruturada, você abrirá novas possibilidades de aprendizagem, aumentando a participação dos estudantes e cultivando as habilidades essenciais para o sucesso no século XXI.

Então, está esperando o quê? Não perca tempo e mergulhe de cabeça nesse universo fascinante da IA na sala de aula. Comece já a revolução!

# REFERÊNCIAS BIBLIOGRÁFICAS

Anderson, L. W.; Krathwohl, D. R. (2001). *A taxonomy for learning, teaching and assessing: A revision of bloom's taxonomy of educational objectives:* complete edition. New York: Longman.

Archer, L. B. (1963). *Systematic method for designers, part one: Aesthetics and logic.* Design, n. 172, p. 46-49.

Archer, L. B. (1963). *Systematic method for designers, part three: Getting the brief.* Design, n. 176, p. 52-57.

Archer, L. B. (1964). *Systematic method for designers, part five: The creative leap.* Design, n. 181, p. 50-52.

Archer, L. B. (1963). *Systematic method for designers, part two: Design and system.* Design, n. 174, p. 70-73.

Archer, L. B. (1964). *Systematic method for designers, part six: The donkey work.* Design, n. 185, p. 60-63.

Archer, L. B. (1963). *Systematic method for designers, part four: Examining the evidence.* Design, n. 179, p. 68-72.

Archer, L. B. (1964). *Systematic method for designers, part seven: The final steps.* Design, n. 188, p. 56-59.

Arnold, J. E. (1959). *Creative engineering: Promoting innovation by thinking differently.* Stanford Digital Repository.

Bajaj, P.; Campos, D.; Craswell, N.; Deng, L.; Gao, J.; Liu, X.; Majumder, R.; McNamara, A.; Mitra, B.; Nguyen, T.; Rosenberg, M.; Song, X.; Stoica, A.; Tiwary, S.; Wang, T. MS MARCO: *A human generated machine reading comprehension dataset.* 2018. Disponível em: arXiv:1611.09268.

Barrows, H.S. (1996). *Problem-based learning in medicine and beyond: A brief overview.* New Directions for Teaching and Learning. 1996 (68): 3-12.

Bender, W.N. (2012). *Project-based learning: Differentiating instruction for the 21st century.* Thousand Oaks, CA: Corwin Press. p. 42.

Bloom, B. S.; Engelhart, M. D.; Furst, E. J.; Hill, W. H.; Krathwohl, D. R. (1956). *Taxonomy of educational objectives: The classification of educational goals.* Vol. Handbook I: Cognitive domain. New York: David McKay Company.

Bogner, A.; Littig, B.; Menz, W. (2009). *Introduction: Expert interviews – an introduction to a new methodological debate.* 10.1057/9780230244276_1.

Bradford, P.; Porciello, M.; Balkon, N.; Backus, D. (2007). *The blackboard learning system.* The Journal of Educational Technology Systems, 35, 301-314.

Cialfo. (2023). *School reports and data.* Disponível em: https://www.cialfo.co/counselors-schools/school-reports-and-data.

Duolingo. (2023). *Duolingo Max: conheça o aprendizado com o GPT-4.* Duolingo Blog. Disponível em: https://blog.duolingo.com/pt/duolingo-max-gpt-4/.

EBIA, Ministério da Ciência, Tecnologia e Inovações. (2023). *Inteligência Artificial.* Disponível em: https://www.gov.br/mcti/pt-br/acompanhe-o-mcti/transformacaodigital/inteligencia-artificial.

Good News from Finland. (2021). *Finland helping world see possibilities of AI.* Disponível em: https://www.goodnewsfinland.com/en/articles/news-spotlight/2021/finland-helping-world-see-possibilities-of-ai/.

Hsiao, S. (2023). *What's ahead for Bard: More global, more visual, more integrated.* Google. Disponível em: https://blog.google/technology/ai/google-bard-updates-io-2023/.

Hsiao, S.; Collins, E. (2023). *Try Bard and share your feedback.* Google. Disponível em: https://blog.google/technology/ai/try-bard/.

Jacovina, E. J.; McNamara, D. S. (2016). *Intelligent tutoring systems for literacy: Existing technologies and continuing challenges.* In R. Atkinson (Ed.), Intelligent tutoring systems: Structure, applications and challenges. Hauppauge, NY: Nova Science Publishers. Disponível em: https://files.eric.ed.gov/fulltext/ED577131.pdf.

Karacı, A.; Piri, Z.; Akyüz, H. İ.; Bilgici, G. (2018). Student perceptions of an intelligent tutoring system: *A technology acceptance model perspective.* International Journal of Computer Applications, 182(22). Disponível em: https://files.eric.ed.gov/fulltext/ED588855.pdf.

Komeili, M.; Shuster, K.; Weston, J. Internet-augmented dialogue generation. 2021. Disponível em: arXiv:2107.07566.

Markham, T. (2011). *Project-Based Learning.* Teacher Librarian, 39(2), 38-42.

Mazur, E. (1997). *Peer instruction: A user's manual series in educational innovation.* Prentice Hall, Upper Saddle River, NJ.

McFarland, M. (2016). *This professor stunned his students when he revealed the secret identity of his teaching assistant.* The Washington Post. Disponível em: https://www.washingtonpost.com/news/innovations/wp/2016/05/11/this-professor-stunned-his-students-when-he-revealed-the-secret-identity-of-his-teaching-assistant/.

Milne, A. P.; Riecke, B. E.; Antle, A. N. *Exploring maker practice: Common attitudes, habits and skills from the maker community*. Studies, v. 19, n. 21, 2014.

Moodle. (2023). About Moodle. Retrieved July 3, 2023, from https://docs.moodle.org/402/en/About_Moodle.

Nechkina, M. (1984). *Increasing the effectiveness of a lesson*. Communist (2): 51.

OpenAI. GPT-4 Technical Report. 2023. Disponível em: arXiv:2303.08774.

Plattner, H.; Meinel, C.; Leifer, L. J. (eds.). *Design thinking: understand, improve, apply*. Understanding innovation. Berlin; Heidelberg: Springer-Verlag, 2011. p. xiv-xvi.

ProFuturo. (2023). *Digital education in the Americas: Best practices to inspire*. Disponível em:https://profuturo.education/wp-content/uploads/2023/06/profuturo-digital-education-in-the-americas-Best-Practices-to-inspire.pdf.

Rosa, A.; García-Riveros, J.; Luis, C.; Fuertes-Meza, J.; Vergaray, E.; Masías, E.; Farfán Pimentel, J. F. (2021). *Collaborative learning an active methodology in long distance education*. Theoretical review. Natural Volatiles and Essential Oils. 8. 2443-2457.

Smith, S.; Patwary, M.; Norick, B.; LeGresley, P.; Rajbhandari, S.; Casper, J.; Liu, Z.; Prabhumoye, S.; Zerveas, G.; Korthikanti, V.; Zhang, E.; Child, R.; Aminabadi, R. Y.; Bernauer, J.; Song, X.; Shoeybi, M.; He, Y.; Houston, M.; Tiwary, S.; Catanzaro, B. Using DeepSpeed and Megatron to Train Megatron-Turing NLG 530B, A Large-Scale Generative Language Model. 2022. Disponível em: arXiv:2201.11990.

Staffordshire University. (2019). *Introducing Beacon: A digital friend to Staffordshire University students*. Disponível em:https://www.staffs.ac.uk/news/2019/01/introducing-beacon-a-digital-friend-to-staffordshire-university-students.

U.S. Department of Education, Office of Educational Technology, Artificial Intelligence and Future of Teaching and Learning: Insights and Recommendations, Washington, DC, 2023.

Xu, J.; Szlam, A.; Weston, J. Beyond goldfish memory: Long-term open-domain conversation. 2021. Disponível em: arXiv:2107.07567.

Yeskel, Z. (2014). Previewing a new classroom. Google Blog. Disponível em:https://blog.google/outreach-initiatives/education/previewing-new-classroom/.

Zatsarenko, R.; Bruce-Gardyne, O.; Koo, T. (2021). *Autograding in education using artificial intelligence*. OxJournal Engineering. Disponível em:https://www.oxjournal.org/autograding-in-education-using-artificial-intelligence/.

MATRIX